アルテイシアの夜の女子会

アルテイシア

幻冬舎文庫

アルテイシアの夜の女子会

アルテイシアの夜の女子会　目次

はじめに

「分別がない」。

31歳の時に書いたコラムを読み返した感想である。現在の私は3分前のことも忘れる41歳なので、10年前といえば前前前世のように遠い記憶だ。

本書は31歳の時に書いた『もろだしガールズトーク』と、35歳の時に書いた『続もろだしガールズトーク　エロ戦記』のコラムに加筆修正して、新たに「41歳のエロス」と2本の対談を収録した一冊である。

『もろだし〜』と『エロ戦記』は部数的には大して売れず、札束の浴槽でダブルピースとはいかなかったが、「あのシリーズが一番好きです！」と感想をくださる読者は多い。本書の担当編集嬢も「私も大好きでした、もろだしシリーズを復活させましょう！」と言ってくれて、書籍化となった。

ちなみに『エロ戦記』は『ゲド戦記』にちなんでつけたタイトルだ。当時、表紙の打ち合わせの際に「ナウシカ風の女戦士の顔に、返り血のようにザーメンがぶっかかってるイラストはどうでしょう？」と提案すると「ジブリは厳しいから絶対無理です」と却下された。その案が通っていればジブリ本と間違えて3人ぐらい買ったかもしれないが、訴訟とかになると困るので却下されてよかった。

話を戻すと、若き日の私に分別はなかったが、体力はあった。20代前半は平日に同僚女子と朝まで飲んで、翌日そのまま出社したりもした。朝帰りだとバレないように、同僚とスーツのジャケットを交換して「襟のところ、ドロッドロやんけ！」と同時に叫んだ。働く女のスーツは汚い。

夏休みには沖縄の離島に出かけて、島の若者とアオカンに及んだこともあった。相手は18歳だったので淫行条例的にはセーフだが、ハブに噛まれたらどうするつもりだ。

離島なので血清とかもなさそうだし、無軌道なズベ公ぶりである。

ズベ公はいつラッキースケベに遭遇してもいいように、化粧ポーチにT字カミソリを入れていた。そこから月日は流れ、41歳の私の化粧ポーチには白髪用の毛抜きが入っている。

そして、現在の私のカバンに生理用品のポーチは入っていない。閉経したからではなく、子宮をとったからだ。

筋腫持ちだった私は40歳になったら子宮をとろうと計画していて、「子宮をとるとセックスは変わるのか？」を検証してコラムに書こうと思っていた。それが「41歳のエロス」に収録された「子宮全摘1周年記念シリーズ」である。

このシリーズはTOFUFUというサイトで連載中の「59番目のマリアージュ」に掲載されたのだが、公開当時かなりバズった。現役の産婦人科医の方たちもリツイートしてくれてありがたかった。

子宮筋腫は成人女性の3人に1人がかかると言われる病気なのに、セックスに関する情報が少ない。自然療法やスピリチュアル系の情報はやたらと多いのに……という状況に疑問を感じていたので、「子宮をとってもビッシャビシャ！」「我がＧスポットは健在なり！」と具体的に書けてよかった。あくまで一個人の体験だが、少しでも誰かの役に立てば、10年間セックスコラムを書き続けてきた甲斐もある。

10年前にはバズるという言葉もなかったし、ツイッターもインスタもＬＩＮＥもなかった。時代は変わるし、人間も変わる。
「41歳のエロス」に収録された「絶倫モーゼも今は昔。ノーセックス派のＪＪがリスペクトするのはフネ先輩」は、幻冬舎プラスというサイトで連載中の「アルテイシアの熟女入門」に掲載されたコラムだが、ＪＪ（熟女）になった私にズベ公の片鱗はない。

かつての性欲は鳴りをひそめて、『20代の頃はテストステロンの太鼓の音がドンドコドコドコと鳴り響き、やたらムラムラしていた。だが35歳を越えた頃から太鼓の音が静かになり、41歳の今は「母さん、ぼくのあの太鼓、どこへ行ったんでしょうね……」と空を見つめている』と綴っている。

とはいえ、10年たっても変わらないことがある。それは女子会の楽しさだ。いくつになっても女友達とくだらない話をするのは楽しい。若さはバカさと言われるが、若くない今も現役でバカを続行しており、人間の本質は変わらない。だが40代のJJ会では恋愛とセックスの話題が減って、老後と健康の話題が増えた。

先日も我が家に女友達が集まって「子どもを産んでから尿漏れがひどい」「わかる！ 私も頻尿で朝までもたない」「私は子ども産んでないけど朝までもたないよ」「マジで？」「老後のために骨盤底筋を鍛えねば」「やっぱマンコ体操だな！」と語り合った。

未婚・既婚・バツイチ・子持ち・子無し・シングルマザー……など、JJ会に集まるメンバーはさまざまだ。年齢を重ねて属性が変わっても、女の友情は変わらない。今後JJ会からBBA会へと名称が変わっても、きっと女同士で集まっておしゃべりを続けるだろう。いまや人生90年、ババアになってからが本番とも言える。その頃は朝5時に目が覚めて、いそいそと早朝女子会に出かけているかもしれない。

そんなわけで『アルテイシアの夜の女子会』、読んでも頭が良くなったりはしないが、頭を使わずに読める一冊なので、気楽に楽しんでもらえれば幸いである。

第1章　31歳のエロス

1 マンコ、カッサカサやないか!!
前戯がヘタだと濡れません！　ヤリこんだ相手でも濡れません！

先日、男友達に「女はみんなイク演技ができるのか？」と聞かれて「余裕や」と答えました。外国のAVを見ると、女優さんはスィーッと息を吸って「オーゴッド!!」と叫ぶ。でも、われらお箸の国の人だもの。慎ましさが美徳とされる大和撫子、そんな演技はしなくてよろしい。眉間にしわを寄せてシーツをつかんで「イク……」と呟けば、男はコロッと騙される。

ところで、みんなイク瞬間に「イク」って宣言してるの？　リアルにイク時って、邪魔されたくないじゃないですか。イクとか言うと、男はやたら張り切って動きを変える。**「さっきのでよかったんだよ！　余計なことすんな！」**と殴りたくなりませんか？

「たしかに気が散るから宣言しないね。実際にイッたあと『イク』って言うかも」と女友達も同意する。つまり、ほとんどの女子はイク時に演技をしてるのです。

という話を男友達にすると「じつは俺も、イク演技をしたことがあるんだ」とおっしゃる。「え、なんで？」と私は身を乗り出した。

彼いわく、自称テクニシャンの女性とまぐわうチャンスがあったという。「どんなテクニックなんだろう？」と胸ときめかせながらベッドに入ると、「四つん這いになって」とテクニシャンは彼に命じた。大人しく四つん這いになったところ……突然、彼女は指にコンドームを装着した！　そしていきなりアナルに指をぶっこんだ!!

「ええええ!?」と目をシロクロさせる彼VSガンガンとアナルを攻めまくる彼女。おまけにアナルを攻めながら、左手でチンポをしごきまくる。「ぎゃわわわ」とダチョウ倶楽部のように悶絶する彼に対し、彼女はひと言。

「どう、イキそう？」

「イケるかー!!」と叫びたいのをこらえ、彼は考えた。このままでは、俺のアナルは破れてしまう。かくなるうえは……、

「イクッ」と叫び、彼はシーツに突っ伏した!!「で、どうなったの？　実際の汁が出ないじゃん」と手に汗握る私に対し、彼はポツリと答えた。

「ツバを使ったんだ」

「ツバ？」

「突っ伏した瞬間、手のひらにツバを吐いて、精子だと偽装した」

「偽装！　2007年の世相を表す漢字やがな！」

と爆笑する私に「笑いごとじゃないよ、そのあと、1週間くらいウンコが止まらなかったんだから」とうなだれる彼。


いや〜エロトークって本当に面白いですね！　と締めくくってる場合じゃなくて、男子も苦労してるんですな。でもやっぱり女子の方が苦労してます。だって、前戯がヘタだとイク以前に濡れないじゃないですか。それにヤリこんだ相手だと自然と濡れなくなりますよね。ブラマヨの吉田のギャグに、頬を触って「ザッラザラやないか！」と叫ぶのがある。セックス中、私も「あふん」と身をよじりながら股をチェックして「カッサカサやないか！」と叫びたいことはよくある。「あんたのコラム、しょっちゅう吉田が登場するよね」と女友達に言われるけど、われながらそう思う。この際、吉田とセックスして、

「ザッラザラやないか！」

「カッサカサやないか！」

と言い合いたい。という願望はさておき、実際に吉田とセックスしたら、物珍しさも手伝って股はだくだくに濡れるでしょう。しかしながら、前戯がヘタだと濡れない&ヤリこんだ相手でも濡れない。どれだけ妄想を働かせても汁の量には限界がある。

前戯がヘタ問題でいうと、AV由来のテクを使う男子は多い。ゲームセンターあらしのごとく、クリトリスをがんがん攻めたり、指を高速で動かしたり。そんなことされたら目から星が出ます。「潮吹きなんて迷信じゃ、たわけが！」と鼻を殴ってあげたくなる。彼らは〝素人の女子の粘膜は弱い〟という事実を知らない。そんな時はおもむろに鼻毛を引き抜いて「ね、目から星が出るくらい痛いでしょ？　私の粘膜もこれくらい敏感なのよ」と言ってあげましょう。「まだお付き合いも浅いし、鼻毛を引き抜くのはちょっと……」という方は、セックスの前に「私ってすごく敏感なの、だから痛くしないでね？」と小首をかしげてみる。すると男子は「うおー俺の彼女は感度良好!!」と飛び上がる。飛び上がりながら、チンポの先から汁を出す。

いや相手が汁を出しても意味ないんだ!! 痛い問題が解決しても、気持ちよくないと汁も出ないしイケません。気持ちよくなるためにはどうすればいいか？ それはもう、相手に「こうして」と伝えるしかありません。

古《いにしえ》より男女間では、**なんで察してくれないの？ 言ってくれなきゃわかんないよ！** 戦争が続いてきました。戦争を終結させるには、オナニーで自分のイキ方のツボを知り、それを相手に伝えるしかない。

とはいえ、「こうして」ってなかなか言いづらいんですよね。「このヘタクソのバカチンが!!」と烙印を押してる気がして……と私も思っていたけど、どうやらそうじゃないらしい。老人世代はいざ知らず、我々と同世代の男子は女子に積極性を求めている。「ひたすらアフンアフン言ってるだけだと物足りないっていうか、ほんとに気持ちいいの？ と疑いたくなる」とおっしゃる。AVの紹介記事を読んでいても「みずからクリをこすりつけ、腰をふりまくるアリサ君、どぴゅ〜」とか書いてますよね。男友達いわく、そういう快楽に貪欲な女子の方がいいんだとか。

「『もっとこうして』とか『これが好きなの』とか言われると、すっげー興奮するよな！」「それで乳首なめたりチンポしごかれたら、すぐさまイッてしまうよな！ イヤッホーイ！」とハイタッチする21世紀の男たち。すぐさまイカれても困るけど、積極性は大歓迎だそうです。ですのでじゃんじゃん要望を伝え、マンコをだっくだくにしようじゃないですか。

が!!

ヤリこんだ相手だと、なにやっても濡れないんですよね〜。やっぱ股が濡れるには「この人どんなセックスすんだろ？」という新鮮味が必要。「続いてクンニ、そう来たか！」というハラハラ感とか。でもヤリこんだ相手だと「はいはい、乳首の次はクリトリスね」と流れが読めてしまい、うまい具合に汁が出ない。「出でよ、汁!!」と呪文を唱えたところで、股はシーンと静まり返ったまま。

そんな時、頼れる味方がローションDEATH!!

というわけで次回はローションのお話を。わたくし、かねてよりローションを愛好しております。「ローション、キミに出会えてよかった〜♪」とクリスタルボイスで歌いあげてますから。ウンコが止まらなくなった彼も、ローションを使えばよかったのにね！　つかその前に、やすやすとアナルを明け渡すなよ。「仏心を出してアナルを許したばかりに、切れ痔になってしまった」と嘆く女友達もいる。その手の話を聞くたび「素人が安易にアナルに手を出してはいかんな」と肛門を引き締める、アルテイシアなのでした。

2　愛液が出なければ、ローションを使えばいいのに〜とアントワネットは言ってません。でもローションは超オススメ!!

小生、カラオケではアニメ『ベルサイユのばら』のオープニングテーマ『薔薇は美しく散る』を歌います。アントワネットになりきって歌います。そして曲の最後に「セックスできなければオナニーすればいいのに〜!!」と叫びます。それを聞いた男子は「おっしゃるとおり……」とうなだれます。そんな偽アントワネットは、こうも主張したい。

「愛液が出なければ、ローションを使えばいいのに〜!!」

31歳ともなれば、マンコカッサカサ問題は他人事《ひとごと》ではありません。体の構造的には濡れるけど、課題はメンタル。もはやセックス自体が新鮮なお年頃ではない。使い古したチンポ、もとい付き合いの長い相手だと、そうだくだく股が濡れるもんでもない。

女友達と集まると、

「彼とは5年の付き合いだし、今さらテンションあがらないんだよねー」

「夫相手だと、ますますヤル気がおこらないよねー」

「ああ、新規の男とセックスしてぇ!!」

という話題になる。かといって、新規の男とセックスするのは問題がある。モラル云々というより、浮気してバレたらヤバいし、浮気したいほどの男もいないし。

そこでどうするかというと、妄想パワー・ライドーン!! なわけです。好きな男の腕の中でも違う男の夢を見て、股を濡らす。「となりの部署の課長とヤってる設定で濡らす」というご近所派もいれば**「前までは松田翔太だったけど、最近は松山ケンイチくん」**という芸能人派もいる。「真壁くんが蘭世に『迷惑だ』って言ってキスするシーンがあるでしょ? あれが私の定番のオカズ」という懐かしのアニメ派もいれば、ある友人は袈裟《けさ》に萌えるそうで「山道で迷い、山寺の門を叩くと中から親鸞のようなお坊さんが。禁欲生活を送る彼は私を見て抑えられなくなり、阿修羅像の前で押し倒される。坊主は木魚のバチを握りしめ……」と仏門ストーリーを語ってくれた。

このように、夜のおばんざいについて語り合うのは楽しい時間です。しかしながら忙しい現代女性、妄想の翼が広がらない時もありましょう。そんな時にオススメなのがローションです。かつては私も「ローションの手を借りるのもなあ、やっぱ股は自力で濡らさないと」と思っていた。でもエロコラムの担当者から自宅に山盛りローションが送られてきて、いまやローションなしではいられない体になりました。それは濡れ力が落ちたとかじゃなく、ローションのすばらしさを知ってしまったから。芸人のケンコバが「ローションは神のよだれだ！」と言ってたけど「だよな、ケンコバ！」と朝まで飲み明かしたい気分だわ（その時はブラマヨの吉田も一緒に）。やはり穴はつゆだくに限る。だくだくに濡れた穴に指や棒を出し入れするからイケるわけだし、なによりローションがあると気が楽。「どうにか汁を捻出せねば」とがんばらなくていいから。

そんなローション推進派の私から、ひとつ注意があります。粘膜という敏感な部分に使うんだから、粗悪品はダメ、ゼッタイ。

昔、グアム土産のローションを使った時のこと。ローションの他に暗闇で光るコンドームももらい、私はたいそうはしゃぎました。緑色に光るチンポを見ながら「オビ・ワン・ケノービ!!」とジェダイごっこに熱中した。熱中するあまり〝沼から宇宙船を引きあげるヨーダのモノマネ〟を披露したところ、突然、ライトセーバーの勢いが鈍くなった。「しまった、ヨーダの顔がリアルすぎたか?」と反省する私に、彼は暗い表情で「チンポがかゆい」。

「チンポがかゆい?」と聞き返した瞬間、私のマンコを猛烈なかゆみが襲った。粗悪なローションを使ったせいで、かぶれてしまったのです。

ジェダイごっこを楽しむためにも、品質にはこだわってください。とはいえ「いきなりローションを出すのはちょっと」という方もいるでしょう。そんなシャイガールは、まずはマッサージに使ってみては?「肩凝ってるねー」とか言いつつ「これってエッチにも使えるんだって」と頬でも染めてみりゃ、彼のチンポはたくましく育つでしょう。わんぱくでもいい、たくましく育ってほしい、チンポよ。

また、タンポン型で膣内に挿入するタイプのローションもあります。あだ名がコロボックルの女友達が「私ってチビだから、穴もすっごく小さいの」と悩んでいた。

「自慢かオイ?」と思ったけど、セックスするたび初体験なみに痛いらしい。おまけに血まで出るらしい。そんな「セックスなんて苦痛なだけ」と言ってた彼女が、挿入型のローションを使って「いやーセックスって本当にすばらしいものですね!」と価値観が一転。「少しでも痛いと感じたらローションを使いましょう、私はこれで救われました」と宗教の喜びの体験のように語ってました。

私もローション界と癒着してるわけじゃないけど(そもそもそんな界はあるのか)、セックスに悩む人は一度使ってみてください。

でだ。妄想の話に戻るけど、普段はS気質の女子でも、妄想上ではMになりがち。「私は男子校の女教師で、罠にハマって全校生徒の前でヤラれちゃうの。それを救ってくれた生徒会長のヤンデレメガネにも強引にヤラれちゃって……私はこの妄想を〝凌辱学園〟と呼んでいます」と語るのは、彼氏を尻に敷いてることで有名な女友達。

アホな男は「女は強引にヤラれたいんだ」と勘違いするけど、冗談ではない!! 現実でそんなことされたら、間違いなく張り倒す。親父にもぶたれたことなくても、君が泣くまで殴るのをやめない。

妄想はあくまで空想上の遊び、ファンタジーだからこそ、現実から遠ければ遠いほど楽しめる。私だって軍服に萌えるけど、軍国主義じゃないし。むしろ筋金入りの平和主義者、合い言葉はラブ&ピース♡だけど、妄想では傭兵部隊の伍長に野営しながら犯されたい。でも伍長はいざという時には頼りになって、小麦粉で爆発を起こしたり獣の皮でクツを作ってくれたり……とうっとり語ったところ「あんたは浦沢漫画が好きなだけだ」と指摘されました。

浦沢漫画でも親鸞でも、汁が出るならなんでも使え。妄想とローションのW使いで新たな扉を開くのだ！　イエッサー!!（伍長にむかって敬礼）

3　女のイキ方、教えます!!
下着やキャンドルでイケたら、誰も苦労しないんDEATH!!

「セックスでイッたことがありません」

女性誌のセックス特集で、ひんぱんに登場する悩みですね。それに対して、コメンテーターは「セクシーな下着をつけてムードを高めて」「アロマキャンドルをたいて気分を高揚させて」などと答えます。それらの答えを読んで、私は叫びます。

ぬるい！　ぬるいんじゃあ!!!

熱い風呂好きの江戸っ子のように叫びますとも。下着やキャンドルでイケたら誰も苦労しません。これはヒットが打てずに悩んでいた野球部員が好きな子の励ましで甲子園に出場する、的な夢物語です。夢物語すなわち、あだち充の世界。ヒットを打つためには、フォームを改善したり下半身を鍛えたりするべきでしょう。精神論よりも具体的なトレーニングが大切。セックスもこれと同様です。「精神論でオーガズムを目指す」とか言ったら「漫画や」と大阪のおばちゃんに笑われますよ。神戸のおばちゃんのアルテイシアも笑いますよ。

笑止!!!（あだち充から北斗の拳の世界へ）

少年漫画はおいといて、イクための具体的なトレーニングについて述べましょう。挿入でイクためには、前戯で高めておいて「今だ！」というタイミングで挿入に切り替えるのが基本です。私の場合、前戯ではさくっとイケるけど挿入ではイケなかった。そこで「前戯で高めてバックで挿入し、クリトリスを自分で触りながらイク」という方法を編み出した。女友達に聞いても、これでイク人は多いらしい。が、挿入オンリーでイケないのが悔しくてならぬ。そこで、挿入（正常位）のみでイケないか試行錯誤を繰り返し、次の結論にたどり着きました。

①集中力を高める
「なぜ挿入でイケないのか？」と考えたところ、己に足りないのは集中力じゃないかと。というのも、女はセックス中に「サービスしなきゃ」と考える。もっと声出した方がいいかなとか、眉間にしわを寄せてエロい表情作ろうとか。穴に棒を入れつつ「このタイミングで『あふん』と言うといた方がええか？」とつねに頭は計算でいっぱい。それ以外にも「この角度はブサイクに見える」「三段腹になっとるがな」「ケツ汚いのバレるがな」と雑念でいっぱい。この計算や雑念が、オーガズムを妨げる。

そこで一切の計算や雑念を捨て、穴に意識を集中した。素っ裸で股を開きつつ、心はサムライ。心頭滅却し、己の感覚を研ぎ澄ませたところ……はじめて挿入だけでイケたんですよ！　ヒャッハー!!

という話を女友達にしたところ「わかる！」と皆さんヒザを打つ。

「ほんとAVとか嘘八百だと思う。だってイク瞬間って声とか出ないでしょ？　集中して、ぐっと息をつめてるから」

「そうそう！　あんな風に『イクイクー』とか叫んでたら、イクもんもイケない」

このように、皆さん集中して集中力を高めてらっしゃる。

②呼吸法をマスター

女友達に聞くと「ぐっと息をつめて無酸素状態にする」「激しく息をして過呼吸状態にする」の2パターンがありました。ちなみに私は無酸素派。挿入中、息を止めて脳に酸素をいかせないことで、穴への意識を高める。エロ小説によくある「自分が女性器そのものになったような」というあの感覚。

「そう、マンコに自分をシンクロさせるのよね！」

「エヴァのパイロットに選ばれるくらいにね！」

「でもやりすぎると、平成の阿部定《あべさだ》になっちゃうから注意しなきゃね！」

と友人一同、同意してました。阿部定にならないよう注意しながら、呼吸法をマスターしてください。

③穴の内部をコントロール

呼吸法はマスターした、しかしあと一歩オーガズムには到達しない。そんな時は、穴の内部をコントロール。具体的には、締める↓緩めるを繰り返すこと。女子はサービス精神から「ひたすら締めねば」と考えて「フンッ!!」と力を入れがちです。それを緩めることで、チンポの動きがより深く味わえる。ここで大切なのは、相手とリズムを合わせること。餅つきの要領で、

「よっ」
「ハイッ」
「よっ」
「ハイッ」

とテンポを合わせる。チンポが杵《きね》だとしたら、マンコは臼《うす》。うすどんになりきって、リズミカルに穴を収縮させましょう。こうした工夫をすることで、あなたもイケる女になるかもしれない。少なくとも、下着やアロマよりは効果的だと思います。

これらのやり方を体得する前、私はどのチンポを入れてもイケなかった。でもいったんイケるようになったら、どのチンポだろうがイケるようになった。そこから思うに、オーガズムは己の努力次第。そりゃチンポが足の小指より短いとか1秒しかもたないとか、特殊な場合は除きますよ？　でも常識の範囲内のチンポであれば、コツさえつかめば誰でもイケるはず。

あとセックスの相性とかいうけど、相性は作り上げていくもの。**相手はニュータイプじゃないんだから、初めからツボがわかるなんてありえない。**マッサージと同じように「そこ、いやもっと左、もっと強く、そうそう」とツボを教える必要がある。このツボを己で把握するためには、オナニーするしかありません。

やっぱ人間、オナニーしなきゃイケません。ただし、私はオナニーについてひとつ言いたい。電マやバイブを使うと3秒くらいでイケるけど、あれらは機械にしかできない動き。チンポは昔ながらのアナログなので、あんまり機械の動きに慣れすぎると、チンポでイキにくくなってしまう。そこでわたくし、〝**自分の手を使うオナニーの重要性**〟を主張したい。機械にばかり頼ってちゃイケません。機械が意思を持ちだして人類がロボットとの最終戦争に突入するからじゃなく、人力でイケなくなるから。皆さん、自然に還り自らの手でオナニーしましょう！　そして、チンポのアナログな動きでオーガズムに到達しようではないですか！　イケよ国民!!

以上でアルテイシアの演説を終わります。さ、原稿も書き終わったし、オナニーでもしよっと♪

4

キュッと締まったいい女？
穴を褒められると、なぜこれほど嬉しいんだろう……

女友達と「穴を褒められると、なぜこれほど嬉しいんだろう」という話になった。

「『今までの男、すぐにイッちゃったでしょ』とか言われると、天にも昇る心地だよね」「私ってセックスのリピーターが多いんだけど、確実に穴のおかげと思う」と皆さん自信満々のご様子＆口をそろえて「これも努力のたまもの」とおっしゃる。

身長170センチの友人いわく「体の小さい子が『私って穴も小さいの』って言うのが悔しくて、血のにじむような努力をした」とのこと。あらゆる筋肉は鍛えられる！　と黒光りしたボディビルダーのように力説していた。努力の内訳としては、アナルで吸い込むように膣を締めて、ゆっくりと緩める、というケーゲル体操が一般的。その友人は「1日に200回のケーゲル体操を日課にしていた」と語る。その結果、穴の内部を自由自在に操れるようになったという。すげえ、悪魔将軍みたい！ きっと野菜を切ったり、縦笛で『アマリリス』を吹いたりできるんだろな～人体って無限……。

ちなみにうちの義母（夫の母、水商売歴40年）は昔、働いていたクラブのママから「あんたたち、ぼうっと突っ立ってる暇があったらマンコ体操しなさいよ！」と言われたらしい。「おかげで、息子を産んだ後もガバガバにならずにすんだわ！」と胸をはる義母。

私はこんなエロコラムを書いてるけど、一応人妻です。そして義理の母はホステスしながら息子を育てあげた強者です。お陰さまで、わが家の会話はとってもフランク。

「この子のパパ、どうしようもない浮気性のヒモでね。わたし、浮気相手から性病うつされちゃったのよ」

「へえ、自覚症状あったんですか？」

「オリモノがどろどろになってねえ」

みたいな会話をすると、夫は「食事中に汚いねん!」と抗議する。対する義母は「あんたはその汚い場所から生まれたんや!」と言い返す。まさにリアル・おかんとマー君。

ええと、なんの話だっけ……そうそう、穴は努力すれば締まるってこと。私もマンコ体操しまくって、ダイソン並みの吸引力を手に入れよう。タンポンもしゅっと吸い込む吸引力を。今年の抱負は「手を使わずタンポン装着」これでキマリだ!

「あんた、そんなにもマンコを締めたいの?」と人は聞くかもしれません。そう聞かれたら「先生、マンコを締めたいです……!」と『スラムダンク』のミッチーばりに答えます。だって男子が挿入した瞬間「う、これは⁉」って顔するのを見るのが、

三度のメシより好きなんだもの〜!!!

もの〜もの〜もの〜……↑エコー

エコーをきかせつつ、ふと思った。これって男は努力してるの? 風呂上がり、濡れタオルでチンポをバッシバシ叩いたりするわけ? と男友達に聞くと「バッシバシ叩いたりはしないけど、冷水と温水に交互につけたりはするなあ」とのこと。

「その方がよっぽど大変そうだけど。ちなみに効果はあった?」

「いや、やっぱ硬さっていうのはメンタルが大きいな。ヤリたいって気分が高まれば硬度も高まる」

「ふーん、それって相手がキュッと締まったいい女であれば、ますます気分が高まるわけ？」

「そりゃあもう、高まるさ」

だそうですよ。

ちなみに「外国人とヤッたことはあるか」みたいな話題になると、男は必ず「外国人はデカいだけで柔らかい」って言いませんか？　100％言いませんか？　そのたびに「こいつらチンポについては負けずギライだな」と思う。男根崇拝という言葉が浮かび、渡辺淳一や石原元都知事を思い出す。ほんとどうでもいい話ですね。


まーあれだ、硬い棒をつっこみたければ、穴を鍛えるのが近道ってことだ。穴の内部は努力次第で変わるから。しかしながら、穴の外部は変わらない。

びろうな話で恐縮ですが（びろうな話しかしてないが）マンコって美しくないですよね？　昔のフェミニストの人とかが「女性器は美しい」と言うと「どこが？」と真

顔で聞きたくなる。

女友達が「銭湯にいったら小さい子どもが大股開きしてて、思わずじっと見ちゃった。昔は私もキレイだったはずなのに、いつのまに……」と肩を落としていた。子どもの頃はピンク色で部品もきっちり収納されてたのが、いつしか黒ずんで部品も外に散らかって…… 〝部品が外に散らかる〟と比喩を使ってますが、要するに小陰唇ですよ。小陰唇の野郎が、断りもなく外に出やがって。

「あれっていつのまに出るわけ？」

「私なんて、ヘタしたらこれで飛べるんじゃや？ってくらい出てるよ」

「まあ、アダルトなダンボ！」

「NHKの教育番組で〝発芽の様子を超早送りで見る〟みたいな映像あるでしょ。あんなふうに、マンコが育つ様子を見てみたい」

と語り合うアラサーの私たち。いくら語り合ったところで、ピンク色できっちり収納には戻れない。であればせめて内部を鍛えたい。「見た目は散らかってるけど、中身はピシッとしてるのよ」と自慢したいじゃないですか。

「自慢なんてとんでもない、私、あそこの見た目がコンプレックスで……」と悩む女子も世の中にはいます。私のまわりにはいないけど、雑誌のセックス相談とか読むといるらしい。「彼氏にあそこを見られるのがイヤでセックスできません」的な。たしかに男子はマンコを見たがる生き物。過去に幾度となく「このとおりだ！　顔面騎乗してくれ！」と拝まれた記憶が。

「なぜ男はマンコを見たいのか？」と男友達にたずねると「マンコやアナルを見ることで、相手をより深く知った気分になるんだ。誰も知らない部分を俺だけが知っている！　みたいな」。

「誰も知らない部分がブサイクでもいいのか？」と聞くと「逆に興奮する。こんな可愛い顔して、うおー‼　みたいな」とおっしゃる。「それって貴様が変態だからじゃ？」と言うと、

「**変態じゃない、愛だ**」

とキッパリ。

ちなみにうちの夫は「マンコがブサイクだろうがなんとも思わない、そもそもキレイなモノだと思ってない」という意見。「ピンクじゃなきゃイヤ」みたいな男は、それこそロリコンの童貞野郎か「結婚するまで処女であれ」みたいな保守野郎です。白

い エプロンした奥さんに「土曜日はカレーの日♥」とか言われたいわけですよ。

そんなつまらん男、こっちから願い下げだ!!

と椅子を拳で打ち砕いて（じゃりン子チエのおばあはんのように）せっせと内部を鍛えましょう。キュッと締まったいい女になって、ついでにチンポも砕きましょ♥

5 シャワー浴びずにセックスしたいんですよ!! でも、正直ニオイは気になるわけで☆

理想のセックスとはなんぞや？　という話を女友達としました。

「ほとばしる感情のままオラーッていうのが理想よね」

「情熱的にバリバリーッと服を脱がされたい」

「どりゃーっとパンツめくってバックからヤラれるの」

オラーッとかバリバリーッとかどりゃーっといった擬音が多いですね。関西人は表現が大げさだと言われます。昔、東京の友人に「ダーッと進んだら角にぶち当たるから」と説明したら「ぶち当たる？」と怪訝な顔をされました。関西弁はさておき、セックスするからにはワイルドにいきたいじゃないですか。きちんと服を脱いでシャワーを浴びて「準備万端、さあいたしましょう」みたいなのは盛り上がらない。

たとえば、酔った2人がホテルに入る。ドアを開けるや否や、ベッドまでいかず玄関でズキュウゥン！　とキスして、彼は私のスカートをギャィイン！　とめくり、私は彼のシャツをドッギャーン！　と脱がし……書いてるだけで鼓動が高鳴ってきたぜ、ドドドドド。要するに、雪崩《なだれ》式でセックスしたいんです。シャワー浴びずにセックスしたいんですよ!!

……と、近隣から苦情が出るほどシャウトしてみた。が、「股がクサかったらどうしよう？」という不安もあります。人間だもの、生きてるかぎりシッコもオリモノも出る。でもやっぱ、シャワー浴びずにセックスしたいんですよ!!（いよいよご近所トラブルに）

そこで女子は葛藤します。「シャワー浴びた方がいいかな？　でも服を脱がされる喜びを味わえないし、なにより勢いをそがれる。でも『クサッ』と叫ばれるよりマシか？　うーむ……」と、ズキュゥウン！　とキスしながら考える。

そんな時、ふと尿意を覚える。普通の人は覚えないかもしれないけど、私はオシッコが近いので。こればっかりは出すしかないし（じゃないとセックスに集中できないし）ひとまずトイレに行きます。するとトイレにはウォシュレットがある。ここでまた、葛藤します。

「ビデを使うのもいいが、シャーッと水音がしたらウンコしたと勘違いされないかな？『ビデ使ってマンコを洗ってる』と丸わかりなのも避けたいし、うーむ……」

でもまあ、結果的にマンコを洗います。リズミカルに腰を前後に振り、股全体をまんべんなくウォッシュする。

「そうそう！　泥酔してたら『大丈夫、クサくないわ！』と強気だけど、酔いが甘いと不安になるよねー」と友人一同、ニオイは気になる模様。

女子がニオイを気にするのは、思いやりもあるけどそれ以上に「クサいと思われるのが許せない」というプライドがある。一方、男子はどうなのか？　たまに洗いもせず「舐めてくれ」と抜かす無礼者がいて**「おどれ素面《しらふ》で言うとんか？」**と巻き舌で言いたくなる。そういう輩に限ってフェラしてる時に頭をつかんで動かしたりする。「おどれワシは筒ちゃうぞ」と言いたくなるけど、口にチンポが入ってるため言えません。そんな時はくノ一にヘン～シン★してチンポを噛み切ってあげましょう。「将軍様のカタキ！」とか叫ぶと、より忍者っぽさが増してナイス！

という話を男子にすると「そんな無礼者はごく一部だ」とおっしゃる。

「基本、皮をむいてすみずみまで洗うよな」
「歯ブラシでごしごし磨きたいくらいだ」

とうなずき合う男子たち。そして友人Nくんがこんなエピソードを披露してくれました。

以前、Nくんが飲み会に参加した時のこと。1人の女の子といい雰囲気になり、彼女の家にお邪魔することになった。浮かれたのも束の間「やべえ、昨日風呂に入ってない。俺のチンポ臭いんじゃ？」と不安になった彼はトイレに行き、洋式トイレの便座によじ登り、上の手を洗う蛇口でチンポを洗ったという。そしてチンポを洗ってる最中、バランスを崩して足をすべらし、便器に片足をつっこんだという。

N「ジーンズのすそがビショビショになってさー、仕方ないからトイレを出て女の子に『酔っ払ったかな？　トイレにはまっちゃったよ』って言ったら……」
アル「人間はどれだけ酔っ払っても、洋式トイレにハマらないと思う」
N「相手の子も不審な目で見てきて、結局そのまま帰った……」
「よくあることだ！　まあ飲め！」と私は彼の肩を抱きました。便座によじ登ってまでチンポを洗おうするなんて、見上げたド根性だ。世の無礼者たちにもぜひ見習ってほしいわ。

男も女もお互いに股がクサいとセックスに集中できない。でもシャワー浴びずにセックスしたい。そこで浮かんだのが、飲食店のトイレにシャワーをつけるというアイデア。

東南アジアにいくと、水流し用のシャワーがありますよね？　あんな感じで股洗い用のシャワーを取りつけ、マンコ用の石けん（ニオイを取るようなやつ）を置いてくれたら言うことナシ。そのままホテルに直行し、雪崩式のセックスにもちこむことが可能です。

「それはいいアイデアね！」と女友達もうなずく。「男ってやたら一緒にシャワー浴びたがるけど、新規の男とは避けたいし」。
　たしかにヤリこんだ相手ならいいけど、新規の男と風呂に入るのは勘弁願いたい。集中してすみずみまで洗えないし、無駄毛のチェックもできないし。ちなみに私は「フンッ」と陰毛をつかんで引き抜きます。女の先輩から「そうすると陰毛が抜けなくて、クンニする時に楽なのよ」と教わったから。相手の口に毛が入らないようにという思いやりです。無論、クンニされる気まんまんです。

　ニオイ問題から脱線するけど、翌朝のウンコ問題、これってみんなどうしてるの？　私は快便女王なので、朝起きて水を飲むとトコロテン方式でウンコしたくなる。でも新規の男とセックスした翌朝に「ウンコしてくるね！」とは言いづらい。それとなくTVをつけて気をそらしつつ「トイレいってシャワー浴びてくるね！」と微笑み、猛スピードでウンコするわけですが……あ、でも2回目からは「ウンコしてくる」って言ってるわ。というか、そう言える相手とは長続きした。この人には素を見せても大丈夫って思うから？　意外にも〝ウンコしてくると言える相手とはうまくいく〟という法則を発見しました。

脱線ばかりで申し訳ない。脱線で思い出したけど、なんで男子は「伝線したからストッキング破いていいよ」と言ったら、骨を投げられた犬のように喜ぶの？ 私は自分の犬（間違えた）男のために、伝線したストッキングを捨てずにとってました。これもひとつのリサイクル。私ってエロでエコな女だわ。ゴミを減らしてCO_2排出量を削減、ばんばんセックスして温暖化防止に貢献。だって裸は一番のクールビズだって、小池百合子も言ってたから★（嘘です、怒らないでね偉い人）

6

冷静と妄想のあいだ
女はセックス中、こんなに冷静。でも男の妄想は果てしなく。

昔、『冷静と情熱のあいだ』って本がベストセラーになりましたね。江國香織と辻仁成のやつ。私は江國バージョンを読んで「主人公、風呂ばっかり入っとるな」と思った。辻バージョンを読んだ時は「これって主人公の脳内に住む女では？」と思った。相手の女を女神のように理想化してて、実在する生命体とは思えなかったから。辻さんはロマンチストなんでしょうね。元奥さんに初めて会った時も**「やっと会えたね」**

って言ったらしいし。「やっと会えたね」って、ミポリンはそれでトゥクンとなったのか？　やっぱ東京の人だから？　これが関西人なら「ちょっと今の聞いた⁉」と大騒ぎして「やっと会えたねってオイ！」「今年の流行語大賞やな！」と一晩中盛り上がるでしょう。

男は〝男はみんなロマンチスト〟と言います。だからなんだって話だが、男性作家の書いたエロ小説を読むと、女は「おかしくなっちゃう」「壊れちゃう」といったセリフを連発して、「私がこんな体になったのはアナタのせいよ」と体をピクピク痙攣させながら失神する。世の男性はそういうのを読んで「女体って神秘的」「よーし、俺も彼女をおかしくさせるぞ！」と思うのでしょう。そんなところに冷水をぶっかけて申し訳ないが、「あれらのセリフはすべてリップサービス」「もしくは興奮を高めるために言ってるか」というのが、女子側の本音です。

セックス中、女はアフンアフン言いつつ「この人、ごっつい毛穴開いてるな」「アゴの下に剃り残しが」と冷静に相手を見ている。相手だけじゃなく「このホテル、南国リゾート風だけど安っぽいな」とインテリアもチェックしている。いざチンポが入

った瞬間も「らめぇ」的なセリフを言いつつ、

「太い……けど短い！」

「でかい……でも残念、硬さが！」

　とか思っている。相手にしがみついたり背中に爪をたてるのも〝我を忘れてる風の演出〟としてやっている。

　と書くと「それは本当にいいセックスを知らないから」と男は言います。必ず言います。以前、恋愛小説を書いた時のこと。女同士でエロトークする場面で「おかしくなりそうな人は、おかしくなるって言わない」「本当に壊れそうなら、そんな悠長なこと言ってられない」的な会話を交わし「ま、演技するのはサービスだし優しさだよ」「いいセックスにしようってやる気の表れだし」という結論になるのですが。それを読んだ担当者（20代男子）から「こんな女性もいるんでしょうね」という感想が。続けて「やはり女性は男が開発してあげないとダメなんですよ」。

　はあ⁉

　思わず、渾身の「はあ⁉」が出てしまいました。きっと彼は原稿を読みながら「アルテイシアさんって気の毒だな、セックスでおかしくなったことないんだ。その点、俺の彼女は幸せだな。ようし、もっと彼女を壊してやるぞ！」とか思ったのでしょう。

バカめ!!

女がセックスについて本音を言うと、男は「キミは本当のセックスを知らないんだ。女性の快感は無限大で、開発すればどこまでも」と空を見つめるような視線で話す。そのたびに「あんた女になったことあるんかい」と思いつつ「あーもーわかったわかった」と切り上げます。やっぱエロトークは女同士に限りますね。

そんなエロトークの相手として、もっとも手応えがあるのが友人E美。彼女はセックス番長と呼ばれる猛者《もさ》で「1回のセックスで18回イッた」という記録の持ち主。表向きは世界を股にかけるキャリアウーマンだけど、裏では世界中の男を股に招いてワールドワイドに活躍中。そんな番長に「セックス中に失神したことある？」と聞くと「失神しそうになったことはあるけど、単に息を止めてるからでしょ」。

「酸素欠乏症、アムロの親父と同じ病気か」

「痙攣にしたって、単に筋肉がつってるんだと思うよ」

私も感度を高めるために息を止め、何度か窒息しそうになった。チンポのあたる角度を調整するため股を大きく開きすぎて、脚がピクピク震えたことも。相手に「脚が痙攣してるわ」と言うと「マジで⁉」とえらい食いつきようだった。「たぶん股関節の可動域が」と水を差すのも悪いし黙ってたけど、「俺は女を痙攣させたことがある」と武勇伝になってるんだろう。バカめ‼

E美いわく「最高のオーガズムって、自分でコントロールしなきゃ無理だから」。きっとこれが真実だけど、男は認めたくないんでしょう。あくまで自分が女をイカせたと信じたい。エロ小説でも「アル子は快感のあまり体がピクピクと痙攣した」なら萌えるけど「アル子は無理な体勢を続けたことで大腿二頭筋がつった」だと萌えない。萌えないというか、風情がなさすぎてエロ小説にならない。

男にモテる女はけっして真実を口にしない。たとえばコンパでエロトークになって「イク時はサムライのように精神統一して、快感をコントロールします」と言うと興ざめだけど、「おかしくなっちゃいそうで、思わず『怖い！』って彼氏に抱きついちゃうの」とか言うと、男はヨロレイヒーと大喜び。こう言ったら喜ぶとわかった上でコントロールされてるとも知らず。バカめ‼

ダメだ、モテない女のひがみみたいになってきた。まーあれだ、男がセックスに夢を見るのはいい。「セックスは人類最高のコミュニケーション」的に過大評価するのも許そう。でも「俺のセックスは最高」と過大評価する奴はいただけない。だって、そういう奴に限ってヘタだから。ヘタなくせに「どう、イキそう？」としつこく聞いてくるから。この手の勘違い野郎にあたったら「イキませんねえ」とキッパリ答え、こう言ってあげましょう。

「よかったね、本音を言ってくれる女にやっと会えたね!!」

7

「ゴムつけるとキツイ」なんて、どの口が言う？

世の中には色んなチンポがあります。そして色んなコンドームもあります。

広告会社に勤めていた時のこと。いつもどおり、喫煙ルームで女の同僚とエロトークしておりました。「新規の男と1発目でイクのは難しいよね」的な会話をしてると、男の先輩が入ってきた。そのままトークを続けていると……その先輩はフーッと煙草のケムリを吐き出して、

「ま、俺はすべての女をイカせるけどね」。

聞いてねえし!!　私たちは同時に叫んだ（脳内で）。この先輩は一点の曇りもなくウザかった。「女は子宮をつくと喜ぶ」だの「奥まで届くのがいいんだろ」だの……要するに「俺のチンポは長くて立派だ」と自慢したいだけ。まわりの女子は、「ああいう奴にかぎって大したことないんだよ」

「ゼッタイ親指レベルだって」と噂し合い、ついたあだ名が親指サム。

親指サムは女の口説き方もウザくて、庶務のカワイコちゃんに「男と女は寝てみなきゃわからない」とかホザいていた。素直に「頼む、ヤラしてくれ！」と拝む方がよっぽどマシだ。が、サムのチンポがどんなものか知りたい我々は「頼む、サムとヤッて報告して！」と庶務さんを拝み倒した。でも「えーあの人だけはイヤですよー」と断られた。

「だってあの人、自分はイケてると勘違いしてるけど、ダサいじゃないですかー」

自分でイケてると思ってる奴に限って勘違い。チンポ自慢・テクニック自慢・磯自慢……最後のはいいとして、自慢する奴に限ってセックスはイマイチ。そもそも、セックスは2WAYのコミュニケーション。チンポにしたってデカけりゃいいってもんじゃない。穴の容積が小さい女子は太けりゃ痛いし、奥行きがない女子は長けりゃ痛い。チンポ自慢は「太くて長けりゃいい」と信じてるけど、そんな単純じゃないわけで。この手の男のセックスってキャッチボールじゃなく壁打ちなんですよ。相手の反応を見ず一方的にオラオラ攻める。昔、女友達がテクニック自慢の男とまぐわって「俺とヤッてイカなかった女は初めてだ、不感症じゃね？」と言われたらしい。その友達は「つまらぬものを斬ってしまった……!!」と月に向かって吠えていた。

一方「キミうまいな！」と肩を叩きたくなる男子は謙虚です。「うまいねー」と褒めても「べつにうまくないよ」と謙遜する。あと学者肌って気もする。じっくり色んな方法を試して検証みたいな。クンニだけに30分みたいな。オラオラ型じゃなく、じっくり型だと思うんです。要するに、自慢する奴にいい男はいないってハナシです。

そしてチンポ自慢は「俺、大きいからコンドームがキツいんだよ」と抜かしたりする。突如、話題はコンドームに移ります。なぜなら、目の前に7種類のコンドームがあるから。編集部から送られてきたコンドームを見て「すごいねえ、最近のコンドームは。ワシの若い頃は『ベネトン』か『うすうす』しかなかったものじゃよ……」と年寄りぶりつつ私は思った。最近は、コンドームも自分仕様にカスタマイズする時代なんだと。

世の中には色んなチンポがあります。太いチンポ、細いチンポ、長いチンポ、短いチンポ、敏感すぎてすぐイクチンポ、鈍感すぎてイカないチンポ……チンポチンポゆうとりますが、各タイプに合わせたコンドームがあるんです。

たとえば「GOKU・ATSU」ってコンドームは厚さ0・1ミリの極厚タイプ。つまり早漏向けなのですが、彼女から「はい、これ使って❤」と渡された男子はどう思うのか。逆に0・02ミリの極薄タイプもあれば、素材がゴムじゃないのもある。スリム〜ややゆったり〜かなり大きめ、とサイズ展開も豊富。これだけあれば選び放題ですね！

……とか言いつつ、すみません、私もかってはろくに使っていませんでした。「まー大丈夫でしょ」とじゃんじゃん外で出し放題。膣外射精は避妊じゃないと知りつつ、なぜ私はゴムを使わなかったのか？

一番の理由は「アホだから」だけど、もうひとつの理由は「ナマでしたほうが気持ちいい」と思っていたから。でもこれって幻想なんです。友達の産婦人科医も「膣もペニスもそんなに敏感じゃないから、ゴムつけても感触は変わらないよ、気分の問題」と言っていた。実際、夫の協力を得てゴム有りバージョンと無しバージョンで試してみると、ほとんど変わらなかった。まわりの男子に聞いてみても、

「感触が違うのは入れる瞬間だけで、中で動かしてる時は変わらないなあ」

「ナマの方が気持ちいいって思いこみだよ。リスクを負ってまでするほどの差はない」

「でも相手に『今日は絶対大丈夫な日だから』とか言われると、ゴムつけずにしちゃうなあ」

「だから避妊は女の子が主導権を持つべき。男は妊娠しないわけだし、自分の体は自分で守らないと」。

いやー私の男友達ってまともな人が多いなあ。まともな彼らが言うように、避妊の主導権は女が持つべき。「ゴムつけるとキツイ」などと抜かす男は、斬鉄剣でチンポを半月切りにしてあげましょう。

ちなみに男友達から「知ってた？　ロシアの指導者ってハゲ↓フサフサで交互に入れ替わるんだよ」と言われて、はたと気づいた。たしかにゴルバチョフ↓エリツィン↓プーチン↓メドヴェージェフと、ハゲとフサフサが交互にきている。そこで今までの彼氏を思い出すと、チンポ大↓チンポ小↓チンポ大↓チンポ小と交互にきている。不思議なもんですねー。皆さんも歴代のチンポを振り返ると楽しいかも。エクセルの表を作って、大・中・小とかキノコ型のKとかマウンテン型のMとか入力して。でも現在のチンポ、もとい彼氏に見られると気まずいのでセキュリティは厳重に。私も彼氏が〝春のこよみ〟みたいなのをつけてたらギョッとするし、あくまで秘かな楽しみとしてオススメします。

チンポ自慢は見苦しいと書いたけど、配偶者のチンポ自慢はいいんでないか？　ってことで、ダンナのチンポは大のM。初めてパンツを脱がせた時「むむ、柔道着を着せたらザ・魔雲天」と私はうなった（キン肉マンに出てくる超人、ビジュアルは柔道着を着た山）。天にそびえる大山脈ですから、大きいサイズのコンドームを使ってます。その名もバズーカ。

先日、バズーカをベッドの上に置いてたら、義母が手にとりじっと見ていた。「それしか入らないんですよ」と言うと「そういえば、あの子のパパも特大だったわ」とおっしゃる。「離婚した後、新しい彼氏に『どうだ、前のダンナよりデカいだろ？』と聞かれてね。しかたなく『そうね』って答えたわよ。じゃないとキゲン悪くなるし」と振り返り「男はもうコリゴリ」とため息をつく。昭和の女は苦労しますね。でも我ら21世紀を生きる女ですもの、「元カレがアルト笛なら、あなたはケーナ」と比喩など使い、自慢の笛を折って差し上げましょう、ほほ！

8

あなりますか、あなりませんか？
先生、男はなぜアナルが好きなんですか？

クイズ番組で、杉田かおるが「『昂る』はなんと読むでしょう？」という質問に「**あなる！**」と答えてました。それを見て、杉田かおるが好きになりました。たしかにアナルって動詞っぽいですよね。あなる、あなるとき、あなれば、あなれ……ラ行五段活用？　文法はどうでもよくて、本日のテーマはアナルです。

20代の女友達から、こんな話を聞きました。

「昔、付き合ってた男からアナルに入れさせろって迫られて、ヤダって言ったら『有名な占い師に、おしりの穴に入れさせてくれる女が運命の相手だって言われたんだー!!』って懇願されたんですよ」

もう、どこからツッコんでいいのやら……ひとつ言えるのは、そんな男とは別れて正解だ。


皆さん、アナルセックスの経験はありますか? 私はないんだけど、男とはアナルに入れたがる生き物。が、アナル経験者たちは「痛いだけでちっとも良くない」「血が出ちゃって大変だった」と顔をしかめる。にもかかわらず、女友達と集まると「ちょっと興味あるよね、新たな快楽の扉が開くんじゃないかって」という話になる。

私の場合、ウンコが近いため（基本1日3回）「肛門を刺激したらウンコが出る」という恐れからアナルを断ってきた。でもエロマンガを読むと「こっちの穴でイクなんて、やらしい女だぜ」的な場面が多く、そんなに気持ちいいのかな〜と憧れもありました。そんな私の前に「アホか!!」と仁王立ちする女子が1名。友人の産婦人科医

S子です。

「感染のリスクを考えろ！　それに直腸は性感帯じゃない！」

「えっ、性感帯じゃないの？」

「ないよ、肛門は性感帯だけど。肛門の表面を触って気持ちよくても、中は気持ちよくないよ」

「へぇ〜」と感心する私に「へぇじゃねぇ‼」とS子は怒鳴る。「そんなことより、直腸の粘膜は膣みたいに摩擦に耐えるようにできてないんだよ？　切れ痔になったり、傷から細菌が入って感染したり、直腸に入れたペニスを膣に挿入して感染したり」とさんざん脅されました。「医師として、アナルセックスを勧めるわけにいかない」と断言するS子。そこで結論。やっぱ素人がアナルに手を出しちゃダメだ。いくら占い師に言われたとせがまれても、断固拒否しましょーね☆

それにしても、男はなぜアナルが好きなのか？　S子いわく「AVやエロ漫画の影響もあるだろうし、あとは好奇心だろうね」。たしかに男はアナルに興味しんしん。やたら見たがるし舐めたがるし騎乗位でヤってる時もガバッと尻をつかんでくるし。「キサマ尻を引き裂く気か!?」と詰問したくなります。男友達に「なぜアナルが好きなのか？」と聞くと「未知の領域だから見たいんだよ。俺だけが知ってると思うと興奮するし」と予想どおりの回答。「でも嫌がってるのにムリヤリ攻めたりしないよ」とおっさる。だがしかし!! 一度、私はだしぬけにアナルを攻められたことがある。

広告会社時代、50代の偉い人とうっかりヤッてしまった時のこと。そのオッサンは前戯もそこそこに、いきなりアナルに指を突っこんだ。偉い人じゃなかったら殴ってたわ。女友達も「私もオヤジにアナルを犯されそうになった!」と叫ぶ。「必死で守ったけど、そのオッサン、イク時にチンポを口に突っこんだの!」。えええ!? なんでオヤジは穴さえあれば突っこみたがるの？　まわりのアナル被害者に聞くと「犯人はオッサンだった」という証言が多い。

オッサンとアナルの親和性。思うに、オッサンは「若い子とするからには飛び道具を出さねば」と考えるんじゃないか。本人的にはサービスのつもり。そういや、その50代の偉い人も「プレゼント」と言って変てこりんなブローチをくれました。アナル攻めもブローチも、こっちは望んでないんですけど……。そんな彼らに言いたいのは「飛び道具を出す前に、マナーを学習してください」。アナル攻めとか口内射精とか、いきなりやると失礼だから。「やっていいですか?」と聞かれたら「ダメですよ」と答えてあげますから。

「ほんとオッサンはマナーなってねえなあ!」と女友達とオッサン裁判を開いてみた。まず、オッサンはセックスのあと股を拭かない。自分の股だけ拭いて、女の股はほったらかし。ついでにパンツも拾わない。自分のパンツだけさっさと穿かれた日にゃ「おどれがワシのパンツ投げたんちゃうんか、おう?」と顎をつかみたくなります。あとフェラだけさせてクンニしないとか。フェラとクンニはバーターという基本を知らない。

「これって性のジェネレーションギャップ?」

「戦前教育の名残りだったりして。女が男に奉仕すべきっていう」

と世代論になりましたが、オッサンでもちゃんとサービスできる人もいます。そんなオッサンは「よ、見上げたオッサンだね!」と拍手喝采したくなる。

「でもオッサンはゴムつけたがらない人が多いから気をつけて」と再び登場するS子先生。「今まで妊娠させたことないとか言って、膣外射精に持ちこもうとするから」「やっぱ外出しはノーですか？」と先生に聞くと「どれだけ多くの人が『外出しでデキました』って病院にくると思う？　あんたこそ性教育を受け直しなさい！」とお説教されました。

説教されついでに、先生に質問をぶつけてみました。

「マンコの形って、人によって全然違うんですか？」

「私はマンコを何万個も見てきたけど」

「まんこをなんまんこ」

「顔と同じで千差万別。黒いとか小陰唇が大きいとかで悩む人もいるけど、胸だって色んな形や大きさがあるでしょ？　揉まれたからって変わらないでしょ？　それと同じで、性体験とは関係ないよ」

そうか、私のマンコが黒いのも小陰唇が大きいのも、ズべってたのが原因じゃないのか。「見た目よりも健康を気にするように。定期検診はしっかり受けるようにね」と言われて「はーい！」と元気よく返事する私。持つべきは産婦人科医の友人だわ。

S子先生のいうように、皆さん検診を受けましょうね！　そして心おきなくセックスしましょう！

その後も「会陰《えいん》とは」「陰のうとは」と図解して説明してくれた先生。そんな先生に感謝しつつ、筆をおきたいと思います。さよおなあなる。

9　くさい！　いたい！　かゆい！　むれる！　マンコ博士が提案する、クンニもフェラもばっちこいになる方法

以前、女友達に「ビューラー貸して」と言うと「この中にあるよ」と化粧ポーチを渡されました。チャックを開けると、中からフェミニーナ軟膏がぽろり。「いつも携帯してるの？」と聞くと「わたし、マンコ弱いねん……」と物憂げな表情。「くさいしいたいしかゆいしむれるし……」と悩みの総合商社状態でした。が、マンコで悩むのは女子だけではありません。

とある男性誌にこんな悩みが載ってました。

タイトル〈クンニができません〉

〈ボクの彼女、あそこを洗わないんです。石けんで洗うと大切な菌が死ぬと言って、水洗いしかしません。正直クサいんです。クンニしたいのにできないんですが、どうしたらよいでしょう？〉

回答者は「クサくてもガマンしろ」と答えてました。根性論ですね。でもこれは正しくありません。なぜ断言するかというと、私のもとには編集部からいっぱい商品が届くから。それもマンコのクサみをとる石けんとかスプレーとか、とにかくマンコがらみが多い。

「さてはマンコの臭い作家と思ってるな？」と感じますが、それはべつにかまわない。かまわないどころか、資料を読むうちにすっかりマンコ博士になって感謝したいぐらいです。

先のお悩みに対する答えは「弱酸性のソープを使うと大切な菌も死なず、ニオイも改善しますよ」。マンコのクサい彼女の意見は間違いじゃない。デリケートゾーンにはよい菌がいて、雑菌が繁殖しないよう守ってくれている。でもふつうの石けんはアルカリ性が強すぎて、よい菌まで死んでしまい、かゆみやかぶれといったトラブルの原因に。が、水だけだとタンパク質・尿・排泄物などは落ちにくい。これじゃクサくもなりますよね。生理終わりかけとか特にね。あの時期は誰でもトイレでくらっとなると思うわ。でも女性誌には「生理中は自浄作用が落ちるから、石けんで洗わないように」と書いてある。

そんなこと言われたかて……ワイ、どないしたらええねん……おかあはーん!!! と母を呼んでも解決しません。そこでマンコと同じpH（ペーハー）の弱酸性で洗うのです。ちなみに私はフェミニンウォッシュという専用ソープで洗ってます。お陰さまでマンコはいつも絶好調。マンコの臭い作家と思われていてよかった!!

マンコの説明が終わったところで、クンニとフェラについて語りましょう。

「皆さーん、クンニは好きですかー？」（耳を澄ませて）

「大好きでーす!!!」（自作自演）

急にテンション上がったけど、だってクンニが好きなんだもの!! それゆえクンニがヘタな男にあたると、**内定を取り消されたぐらいショックです**。クンニほど上手ヘタがわかれるジャンルはないと思う。舌を使うから「いてえっ」と飛び上がることは少ないけど（歯をたてるとか言語道断な奴は除いて）、単調だと気持ちよくないんですよね。ひたすらべろべろ舐める男には「舐めりゃいいってモンじゃねえ！」と頭をはたきたくなる（はたくと歯がぶつかるので脳内で）。あとクリトリスの一点のみを攻める男も「そこさえ舐めりゃいいってモンじゃねえ！」と頭を（以下略）。

愛撫の基本はピアニシモからフォルティシモ。そして点じゃなく面。最初はソフトタッチで触れて、快感が高まるにつれて強度をあげていく。一点だけ攻めるんじゃなく、まわりから囲んでいって核心に近づいていく。最後は核心を吸ったりつついたり、ねえ!? やっぱこれでしょ!! と深夜、仕事場のパソコンの前で高ぶってても意味ないので、まわりの男子に教えてみた。

「キミたちもフェラで亀頭だけ攻められても気持ちよくないだろう？ サオをしごいたりタマをいじったりいろんなバリエーションで」と言ってる端から「タマ……！」と感極まってる奴は無視して、私は紙にひし形の図形を描きました。

「いいか坊主、これが小陰唇だ。クリトリスはここだ（丸を描き入れる）。このひし形すべて性感帯なんだから、手のひらで面全体を愛撫して、濡れてきたら点への攻撃に移行し……」と講義する私の手元を熱心に見つめる彼ら。「なるほど、面ってそういう意味か！　最初から点のみ攻めてたよ」。

男の書いたセックス指南書を読むと「はじめにクリトリスを露出させて攻めろ」とか間違いだらけ。そんなことされても痛いだけ。まずはパンツの上から焦らしながらが基本でしょう。この際、『点と面』という本格官能小説でも書こうかしら。まわりの女友達も「焦らしとか強弱とか緩急を使いこなせる男って少ないよね、少ないだけに超貴重」とおっしゃる。神さま、クンニの上手い男がもっと増えますように……と神仏に祈ってもむなしくて、多分このコラム男性読者は読まないしなー。

そこで女子向けにフェラについて語ります。私は年がら年中、男子に「どんなフェラが理想か？」と聞きまくってます。男も男同士でエロを語るんじゃなく、異性の意見も聞かないとね。

でだ。私のいきついた理想のフェラとは、まずはパンツの上からソフトタッチで攻める。サオをしごいたり先っぽを舐めたりタマを揉んだり。早漏男子はこの時点で

「もうガマンできない！」とケロッグコンボ状態になります。ちなみにケロッグコンボの声はアシュラマンやドズル・ザビと同じ声です。そんな声優知識はどうでもよくて。

ここから本格フェラに突入です。「フェラはおえっとなるから嫌い」という女子もいますが、それは口だけに頼ってるから。

「右手にタマ、左手にサオ、唇にチンポ、背中に人生を」

とジュリーのごとく気合いを入れ（昭和生まれ）両手と口を使いこなす。サオをしごきながら亀頭を吸ったり舐めたり、早い・遅い・強い・弱いなどバリエーションをつける（でもあまり目まぐるしいのもNG）。タマについては、ぎゅうぎゅう揉むんじゃなく爪先でひっかく感じ。コチョコチョって手の動きをゆっくりするといいますか。女医のS子も「陰のうは性感帯だから使うに限る！」と申してます。唾液が限界になったら梅干しやレモンを想像して、鼻で呼吸しながらがんばるのです！……ってこれだけ努力してんだから、クンニが下手だったらガッカリって話ですよ!!

セックス番長も「クンニが上手い男は何やらせても上手い」と断言する。ちなみに番長、どエロなアメリカ人と旅行に行き、ホテルのウェルカムフルーツ&シャンパンをマンコに入れてクンニを楽しんだという。「自家製フルーツポンチやな！」と盛り上がる我々に対し、S子は「医師としてまったくオススメできない」とため息をつく。たしかに、これって痒みやかぶれの原因になりそうだ。皆さんも異物は入れずにクンニを楽しんでくださいね！　ついでにフェラもね！　セックスにオーラルは欠かせない！　オーラルｏｒナッシング!!

10 おまえの○○、超汚いな!!
人にはコンプレックスがあるんです……むやみに指摘すんじゃねえ!!

〝コンプレックス〟という言葉に布袋と吉川が浮かぶ私は30代。同世代の女たちが集まると、

「あたし、脇の下が黒いからセックスの時つねに脇締めてんだよね」
「あたしは尻が汚いから、バックをとられたらすかさず電気を消すの」
「なんせ乳が小さいから、マウントポジションとられるのがヤなんだよねー」

とセックス&コンプレックス談議に花が咲く。**ちなみに2番目の発言が私です。**

そう、あたしったら尻が汚いの！　あはは！

……あははじゃねえよダバー!!　(大量に涙が流れ出す音)

マジであははじゃねーですよ。優しい女友達は「尻って基本汚いよ。掻きむしるし下着の跡つくし」と慰めてくださる。でも掻きむしりは掻かなきゃいいし、下着跡はゆるいパンツを穿けばいい。されど、このニキビ跡ばっかりはどーしようもないんDEATH!!

男子とホテルでAV見ながら「この女優、尻汚いな〜」と呟くのを聞き「あたしの尻の汚さはバレてない？　でもバレたらどーなんの？」とびくびくする。一緒に風呂に入りながら、尻だけは見せないよう横歩きで移動する……あたしカニじゃないのに、人なのに!!

尻の歴史をひもとくと、さかのぼること15年前。高三の一年間、私だいぶ勉強したんです。中一から高二まで授業中はほぼ妄想に費やしてたから。それでそこそこいい大学に入ったんです。でも1日16時間とか座って勉強してたから、尻にニキビができちゃって。それ以来、ニキビできるのがクセになっちゃって。皮膚科に行くと「これはネットワーク化するからね」と言われ「なんで尻だけ最先端やねん」としょんぼりしたわ。しょんぼりしつつ「レーザーでニキビ跡を治療」というポスターをじっと眺めた。

宣言します！　私、レーザーでニキビ跡を治療するから！　今は忙しくてムリだけど、仕事が落ち着いたら必ず!!　つーか、現在もイスに座る仕事なんですけどね。でもふかふかクッションを敷いて、ニキビできそうな時は軟膏（皮膚科でもらった抗生物質入り）を塗って事前に抑える。ああ、高三の私にこの知識があれば……。

そんな尻の汚い私は、グラビアアイドルの尻を見ながら「この子、ぜったい勉強してないわ」と妬み節を唱えます。これじゃ学歴だけあるブスじゃないか。でも、人としての努力が美を裏切るなんて納得いかん！　それに芸能人って顔も体もキレイで羨ますィ〜。やっぱアレか、美人はどこもかしこも美しいのか。あたしなんて顔もアレだし尻もナニで、全身コンプレックスだらけなのに。だからそっとしといてほしいのに。むやみに指摘されたくないのにさあ!!　（思い出し怒り）

広告会社時代、お気に入りの同僚がいました。飲み会の帰り、部屋に踏み入ることに成功して「いざセックスじゃあ！」と高ぶってた時……彼は言ったのです。

「おまえの足の裏、超汚いな！」

パリーン!!!

僕は生まれて初めて、人の心が壊れる音を聴いたんだ……（ハチクロ）。私が壊れたハートのカケラを拾い集めてると「マジ汚いな」と追い打ちをかけられ、私の心は再び壊れた。「じゃ、タクシーで帰るね……」と暗く呟くと「え、泊まっていかないの？」と聞かれ、腹の底から叫びたかった。「貴様もヤリたかったら、足の裏の汚さに目つぶらんかい!!」

ほんと、デリカシーのない男は困ったもの。貴様だって「チンポの皮すごいね！小銭入れが作れそう！」とか言われたらイヤだろう。たしかに私の足の裏は汚いけどさ。「サイですか、サイなんですか？」と自問自答するほどカッチカチ。だってがんばって広告の営業してたんだもん！　毎日ヒール履いてさあ！　ああ、ここでも人としての努力が裏目に……と思いきや。

夏場、同じく営業職の女友達が家に遊びにきた。でも彼女の足の裏は赤ちゃんのようにツルツル。「どんなセコい技使っとる!?」とつめよると「セコい技は使ってない、体質なの」とおっしゃる。「貴様、さては赤んぼう少女か⁉」とさらにつめよると「遺伝じゃないかな？　うちの父も顔は鬼ガワラだけど、足の裏だけは赤ちゃんみたいだし」。

遺伝……すなわち、宿命《さだめ》……。

ユリアは慈母の星のもとに生まれたけど、アルテイシアは角質の星のもとに生まれたんだわ……うわらば‼　と断末魔の悲鳴をあげつつ、悲鳴をあげるだけじゃなく努力もしてきた。軽石でこするくらいじゃ焼け石に水。そこで大金はたいて足裏エステにも通った。「一気に削るとお肌を傷めるので、少しずつ削りましょうね」と施術されること1時間、いざ足の裏を見てみると……「変わってないやんけ！　えひゃい‼」と滋賀県まで聞こえるほど叫んだ。確実にふたつの県は越えたと思うわ。

で、ついでに海も越えてみた。台湾にバツグンの足裏エステがあると聞き、台湾へGO‼　**「小籠包も中国茶もいらない、角質を削りたい」**と思いつめる私を待ってたのは、かつおぶし削り機のような恐ろしい器具。それでバババーッと舞い散るほどに角質を削られ、めでたくツルツルに……が、半年もすれば、ふたたびカッチカチに。なにこのしつこさ、シンのユリアに対する恋心か⁉

「もっかい台湾に行こうかな、でも近い外国とはいえＪＲで行ける距離じゃないし」と涙ぐんでたところへ……２００Ｘ年、救世主が現れた!!　その名もベビーフット。木酢液のローションに足をつけて角質をはがす例のやつ。でもね、はじめは期待してなかったの。「アルティシアの足の裏の硬さみくびんなよ」とブラマヨの吉田風に呟いてたの。ところがどっこい、３日後には角質がはがれ始めて１週間でツルツルの赤ちゃん肌に。という私の体験談を聞き、まわりの友達もこぞって購入してました。みんな足裏に悩んでるのね……強敵《とも》よ!!

　まじでベビーフットはすごいです、ヤバいくらい脱皮するから。湯船につかった時なんてガンガン角質がはがれて、アカ太郎ならぬ角質太郎が作れます。きっと将来親孝行してくれると思います、と妄想が止まらなくなるほど。

　エロ告白系の記事を読んで「足の指を１本ずつ舐められてイッちゃいそうに」的な体験談に「けっ、そんなことでイッちゃたりするかよ」と毒を吐いてた私。だって悔しかったんですもの。永遠に足を舐めさせられないし、足の裏でチンポもしごけないんだ……と宿命を呪ってた。でもこれからは大いに舐めさせてしごきまくったるで！

げぴ!!

※文中の奇声は『北斗の拳』の断末魔です。

11 愛されマン毛でモッテモテ？ マン毛だけは愛され路線でいってみたい♥

ああ、マツ毛パーマかけにいくの面倒くさい……そう呟き、床に転がるアルテイシアです。月に一度サロンに出かけるのが面倒くさい。でも行かねばなりませぬ。だってマツ毛がぱっちりしてるほうがモテるから。でも面倒くさい……と鼻をほじりつつ、あることを思い出した。昔、デンマークに留学中の女友達に「そっちはどう？」とメールすると「それがさー、こっちでは『ありがとう』を『マンゲタック』って言うの。お礼を言うたびおかしくて！」というメールが返ってきた。そしてその一文のみ。他に言うことないんかい。

さて、本日のテーマはマン毛です。愛されマツ毛とは扇状にぱっちりカールされたマツ毛ですね。では、愛されマン毛とはどのようなものか？　男子に聞くと「処理しすぎて焼き海苔状になってるマン毛はイヤだ」という。「手を加えてる感じがヤなんだよな。やっぱナチュラルが一番」とおっしゃる。しかし「ボーボーは引くけどね。クンニの時に口に毛が入るのもヤだし」とワガママを抜かす。

まあ彼らの気持ちもわかります。あれは私が19の春。ヤりたい盛りだった私は朝から景気よくフェラをして、そのあと女友達とランチに出かけた。おしゃれカフェでパスタなど食べてると、口の中に妙な違和感が。「？」と思って舌でごにょごにょすると……アルテイシアの口から陰毛が現れた。

アルテイシアの口から陰毛が現れた！（ドラクエ風）

という過去を私はすっかり忘れてたけど、友達に「あんた、口から陰毛が出てきたよね」と言われて思い出した。彼女にとっては忘れられない思い出なんだとか。

陰毛がフロスのように歯に挟まるのは、鼻にご飯つぶが入る以上にうっとうしいもの。あんまりマン毛がボーボーだとこうした事態になります。ボリュームが多すぎるとパンツからはみ出すし、剛毛すぎると合体した時痛そうだ。マン毛マン毛……とマン毛に想いをはせる私のもとへ、編集部から商品が届きました。
ひとつは「大豆のちから デリケート」というスプレー。これを股に吹きつけることで、マン毛が柔らかくなりボリュームダウンするんだとか。「なるほど、お豆腐屋さんは手がツルツルっていうしね！」とヒザを打ち、さっそく私も散布してみた。もちろん一気に毛が減ったりはしないけど（それは大豆の力というより魔法）10日ほど続けると毛が柔らかくなった気が。スプレー1本使い切る頃にはゆるふわマン毛になってるかも❤
もうひとつは「ラヴィア Vライントリマー」というシェーバー。熱線によるヒートカット方式で毛先が球状になるんだとか。ふつうのカミソリで剃るとチクチクして、それが伸びるとさらにチクチクして、終始もじもじしてる人になってしまう。「なるほど、決め手は毛先がキューか！」とヒザを打ち、さっそくマン毛を剃ってみた。たしかに剃ったあと毛先がチクチクしなくていい感じ。目下、私のマン毛は脇は短く中央は長いというソフトモヒカン仕様で、とってもオシャレ。もう誰に見られても怖くないわ!!

とはいえ、鏡の前でマン毛を剃る姿は見られない方がいい気がする。男子は「手を加えてるのがイヤ、ナチュラルが一番」だそーですから……まったく男ってのはどうしようもねえなあチキショーめ。

なぜ江戸っ子口調になるかというと、男のナチュラル好きには飽き飽きだからです。「すっぴんに口紅塗ってるくらいがいい」とかさ。んなもん、すっぴんは当然くすみやクマがあるんだよ。それで口紅だけ塗ったら〝寝坊して慌てて客先に行き、口紅だけ塗ってとりあえず社会人らしさをキープ〟みたいな状態で、要するにブサイクなんだよ！　あんたらアレだろ？　すっぴんでブサイクじゃなく、すっぴんでキレイ、すなわち生まれつきキレイな女が……みたいなハナシは書き飽きたしもう書かない。いやだいぶ書いたけど。

私だって男が泣きながらワックス脱毛してる姿は見たくない。昔、電車の中で男子高校生が「眉山の位置おかしくね？」と話してるのを聞き〝憂国〟という言葉が浮かんだ私ですもの、我ながら保守的だとは思うが、男はヘタに眉毛などいじらなくてよし！　チン毛をいじるなどもってのほか！　よってボーボーでも文句言いません。野人発見？　と思いつつも「ワイルドでいーね☆」くらいのリップサービスしてあげます。おまけにマン毛など剃ったことないような顔して「生まれつき量が少ないの」と騙してあげます。その偽装に気づく男はいないでしょう。だって、男の目はふしあなだから。彼らは「ニセの天然は見抜ける」と言うけど、見抜いてる現場は見たことがない。

今さらだけど「天然って言われる～」という女の99・99％は天然じゃないように、「努力とか何もしてないし～」という女に限って努力家だ。「昨日寝ちゃって全然勉強してなくて」と言いながらテストで満点とるんです。でも男は言葉をストレートに受けとるんです。ああほんとに素直だこと！

素直じゃない私は「髪、すっごくキレイだよねー」「でもまっすぐすぎてパーマがかからないの」という会話に「つーかそれ縮毛矯正だろ」とツッコミを入れ、「ほんと色白だよねー」「日焼けすると赤くなるからイヤなの」という会話に「日傘&手袋で完全防備してんだろ」とツッコミを入れる。とぼけた行動して「私ってドジっ子なの」という女に「ドジっ子じゃなく抜け作と名乗らんかい!!」とツッコミつつ、ツッコミよりボケのほうがモテるという事実も知っている。知っているけど、さらに悪口を続けます。ここだけの話、知りあいに女子アナがいるんだけど、彼女はテレビ局に内定が決まった時「何もしてないんだけど運がよかったっていうか〜」と抜かしてた。「おまえ必死でアナウンススクールに通っとったやないかい！」と友人一同ツッコみましたよ。そんな彼女はニセの天然で男にはモテていた。が、女には当然嫌われていた。私が女子アナを見るたびモヤモヤするのはこのへんにルーツがあるのか。

異性に愛され路線ばかり目指すと同性に嫌われ、10年以上たって悪口を書かれたりする。つくづく思うけど、異性に愛されるより同性に愛されたほうが断然トク。30超えると特にね。愛してくれる男を１人キープしつつ、女友達と仲良くわいわいやるのが女の幸せじゃないかと。一方、愛されマン毛を目指したからって、同性に嫌われたりはしません。結論。マン毛だけはのびのび愛され路線でいきましょう。クンニしてもマン毛の挟まらない女になろうじゃないですか。しかしこの原稿、何回マン毛と打っただろう。皆さんいつも下品なコラムにお付き合いくださりありがとう、**マンゲタック!!**

12 そっかじゃねーよ！　避妊はどーした？カウパー氏腺液みくびんじゃねーよ！

TVドラマの中で、男同士が酒を飲みながら「じつは彼女、妊娠したんだ……」「そっか……」みたいな場面を見るたび「そっかじゃねーよ！　避妊はどーした？」と叫ぶ私です。TVに限らず本もマンガも映画も、避妊について触れなさすぎじゃありません？　たとえばドラマの中で「じつは彼女、妊娠したんだ……一応ゴムはつけてたけど、射精したあと余韻に浸ってたらチンポが縮んでゴムから精子が漏れたみたいで」と説明すれば「なるほど、チンポはすぐ抜かなきゃダメなんだな！」と若い人も勉強になるはず。それが無理だとしても「外出しでオッケーだと思ってた」「今日は大丈夫だと言われて油断した」ぐらいの言葉はほしい。この国は避妊について語らなすぎです……と憂う語る私の背後から「おまえが言うな!!」と合唱が聞こえます。

ほんと私が言うなって感じですよ。「外出しでオッケーでしょ」とかほざいてた私がね。もし過去に戻れるなら「おまえはコギャルか？　違うだろ？　70年代生まれの立派な大人だろ？　高校時代ルーズソックスもポケベルもなかっただろ？　カウパー氏腺液みくびんじゃねーよ!!」と叱ってやりたい。

元アバズレ仲間の友達と「妊娠とか性感染症を免れたのはキセキだよねー」と話しながら、非アバズレの友達が「コンドームつけなきゃ絶対ヤラせない」というのを聞いて「すごーい、えらーい」とか言ってたけど、それ普通ですから。そんなテキトーな性格だからアバズレるのか？　アバズレるって動詞なのか？

動詞問題はおいといて、アバズレていた日々を振り返ると……ろくに生理日も覚えてないくせに、男子にむかって「今日は大丈夫、外出しでオッケー」とか言うてました。それで生理が遅れると「神様どうか生理を！」と血管がちぎれるほど祈った。トイレに行くたび「神様！　これからはまっとうに生きます！　だから生理を！」と両手を合わせ、いざ生理がきたら「やったー!!」とくす玉が割れた気分でバンザイ。「神様ありがとうございます！　これからはコンドームつけます！」と誓ったくせに、しばらくすると「まー大丈夫でしょ」とふたたび外で出し放題。こんな体験を16回はしてきた。私が神様ならゼッタイ見放してますよ。それでも天誅を下さないなんて懐が深いなあ、さすが神！

「さすが神じゃねえ！」と産婦人科医のS子は怒鳴る。「だったらピルを飲まんかい!!」

彼女いわく「膣外射精なのに妊娠した」と病院に来る患者さんはものすごく多いんだとか。そのたびに「なぜピルを飲まない？」と思うんだとか。「ピルは太るとか誤解してる人もいるけど、最近のピルは副作用も少ないし生理も軽くなるし子宮がんとか病気のリスクも減るし良いことずくめだよ」とおっしゃる。そんなS子のすすめもあり、私もピルを飲み始めた。

子どもほしいと思わないしなあ、いつかほしくなる日が来るのかな？　いやむしろ永遠に……アムロ永遠に……と口ずさむ私のまわりで、女友達はぞくぞくと妊娠中。

みんな恋人と同棲（または半同棲）していて、妊娠→結婚ってパターンです。「子ども作るつもりだったの？」と聞くと「できたら産むしいっか、って中出ししたの。中で出したらできるもんだなー」って感じです。「妊娠がわかったときの感想は？」と聞くと、友人K子は「妊娠検査薬ってプラスの時は一瞬で出るんだよね。そのスピードに驚いた」と言う。友人M美は「私の場合、酒がまずくなって『もしや妊娠？』って思ったの。それで妊娠検査薬に尿をかけたら30分後にうっすら出て、あれって妊娠2週間でも反応するんだなー」と言う。2人とも〝市販の妊娠検査薬の優秀さに感心した〞という感想でした。

そりゃまーね、できたとたん母の喜びが湧くわけじゃありませんわな。2人とも「嬉しくないとは言わないよ、ずるずる同棲してても別れたかもしれないし、いいキッカケになったのは確かだし」と前置きしつつ「でも今から親に紹介して役所に届け出して職場に説明して病院探してとか考えると」と一気に言ったあと「面倒くせえ、と言わざるをえない」とおっしゃる。

これって現代女性のリアルな本音かもしれません。自分も働いてるしナニがなんでも結婚！　とドライブもかからない。結婚より同棲のほうがメリットもあったりする。でも単なる同棲だとさくっと別れちゃうかもしれない、だからっていま結婚しなくてもなあ……って時に妊娠検査薬がプラスに。となると「まー籍でも入れとくか」と背中を押すキッカケにはなる。が、一気に諸問題を片づけねばならなくなる。

M美は「私の場合、結婚式もしたから死ぬかと思った。仕事しながらドレス合わせや準備に忙殺されて」とどんよりした表情。妊娠くらいのインパクトがないと結婚に踏み切れない、でも妊娠してから結婚するのも大変。なぜなら会社は男社会。

K子はつわりのひどい時に8日間の出張を命じられたという。なんちゅうクソ会社じゃ。M美は夜中まで残業させられたあげく、上司から「今なら中出しオッケーだな」とセクハラ発言されたという。なんちゅうクソ上司じゃ。そんなクソ上司のいるクソ会社で妊婦は必死で働いている。アホな政治家が「子どもを産まない女の老後は面倒みなくてよい」とか抜かしてたけど、こっちは働いて税金払っとるんじゃ！　**女を責める前に環境整備をしっかりせんかい！　眠たいことゆーてんちゃうど！**　とどつきまわしたくなりますよ。

とはいえ、頭の古いオッサンはほっといても死んでいくし、世の男性は少しずつよくなってるとも思います。K子とM美の夫は「ごめんな、2人の子どもなのにキミばっかり辛《つら》い思いさせて」と料理も掃除も全部してくれるという。「2人とも正しい男選びをしたよね」と言うと「ほんとそう、妊娠して相手のよさに改めて気づいた」とおっしゃる。「でも気づかってくれるのはありがたいけど、何かあったら怖いからってセックスしないんだよね」ともおっしゃる。

2人に会うと「妊娠してから一回もしてないの、もうマンコ爆発寸前」と切羽つまったようす。なんでも臨月にセックスすると陣痛がきやすいらしく、その行為を「お迎え棒」と呼ぶらしい。

「よそでお迎え棒入れてまうぞ!!」と声高に叫ぶ妊婦たち。さあ、彼女らはどんなお母さんになるんでしょうか？　ってことで妊娠問題次回につづく！

13

おしゃれ妊婦じゃなく、やさぐれ妊婦？ 妊娠出産しても変わらない。それは女の友情とエロトーク☆

昨今、おしゃれ妊婦が流行ってますね。昔みたくザ・マタニティなジャンパースカートを着たりせず、手持ちの服をコーディネートして「妊娠してもオシャレや自分の楽しみは捨てたくない」と妊婦ライフをエンジョイする人たち。一方、私のまわりの妊婦はというと、「オシャレしてもモテるわけじゃねーし」とやさぐれた表情。

酒豪のM美は「仕事の帰り、バーでくつろぐのが楽しみだったの。でも今じゃバーにも行けないし」とボヤく。私も酒好きだから気持ちはわかる。仕事が終わって化粧をなおし、バーでまったりと酒を飲む。マスターや隣り合わせた客と会話を楽しみ「さあ、明日からもがんばるか！」と気持ちを切り替え……ってやってきたのに、それができないのは辛いでしょ。

「一度バーに行ってみたのよ。ノンアルコールカクテルを頼んでるのに『妊婦のくせにバーなんか来て』って目で見られて……居場所がなくて帰ってきた」と嘆くM美。そんな彼女らは「妊娠したって人間が変わるわけじゃなし」と言いつつ「変われない自分は母親失格？」とも思ってる。

「妊婦雑誌を読むと『ベビちゃんと一体感を感じて幸せ』とかコメントが載ってんだけど、『腹が重い！　一刻も早く出てくれ！』としか思えない私って」とうなだれる2人。「まずベビちゃんって呼び方がさー」と言うM美は腹の子を「中の人」と呼ぶ。K子は腹の子が通常よりでかいらしく「スーパーカップ」と呼んでいる。

「そもそも妊婦雑誌に載ってる言葉がエグい。会陰とか悪露《おろ》とかぎょっとするわ」と言いつつ「妖怪えいん！　妖怪おろ！」と盛り上がり、「巨根はいくつも入れてきたけど、入れるのと出すのは違うしね。スーパーカップ、股から出るんだろか」「妊娠したら乳首がでかくなるんだけど、私、もとからでかいからエラいことに。これ赤ん坊の口に入るのかな」「ダンナがびびってヤリたがらないからオナニーするしかない」とエロサイト情報を交換する2人を見て、私はその何も変わらなさに感激した。花柄のワンピースを着てクッキーとか焼きだしたらどーしよう？　と思ってたけど、そんな風にならなくてほっとした。

妊娠出産って、富士山だと思うのです。遠くから眺めてる時は「いつか登ってみたいなー」と憧れていても、いざふもとに連れていかれ「さあ登れ！」と言われると「えっ、だって空気とか薄いんでしょ？　メッチャ大変なんでしょ？」と尻込みする。私も独身時代は子どもほしいかも？　と思ってた。でもそれは〝この人の子どもがほしいと思えるぐらいの男と出会って結婚したい〟という願望だったらしく、いざ結婚したら「無理無理無理ゼッタイ無理」と超尻込み。2人のようにいきなり妊娠して結婚したほうが覚悟が決まったのかもしれない。7合目あたりに降ろされて「もう登るしかない」と腹をくくるしかない状況、そうやって退路断たれなきゃ厳しいよなーってのが本音です。

さらに本音を言うと、まわりに子持ちが増えてきて「オムツや保育所がどーの」ってトークされても会話に入れない。そんな時「このまま私だけ子なしだったらつまんない？」と感じる。でもそんなDS持ってないから仲間に入れないみたいな動機で子作りするのもねえ。そんな心がまえで大変な育児を乗り切れないだろう。

……とプスプス考えてる時に「ベビちゃんのために靴下を編む」的な理想の妊婦を見せられると「やっぱ無理」と思います。妊婦生活をいきいきとエンジョイするおしゃれ妊婦を見ても「エンジョイする自信がねえ」と思ってしまう。でも2人みたいなやさぐれ妊婦を見ると「自分でも大丈夫？」と思えるんじゃないか。

「そんな母親に育てられる子どもがかわいそう」的な説教する連中もいるけど、だから産まないんだってば。そういう連中は少子化を嘆くな。ただでさえ産む人が減ってるんだから、法律や制度だけじゃなく「母親はこうあるべき」みたいな価値観も変えてかないとますます産まなくなりますよ。

そんなわけで昨年の冬、やさぐれ妊婦の2人も無事出産しました。産後すぐ病院に駆けつけると「痛いとは聞いてたけど、ここまでとは……」とうつむく姿は矢吹ジョー。妖怪えいんを切ったため、座ることもままならない。「こんな苦労したのにみんな赤子に夢中だし。死ぬ思いして産んだ私を褒めてほしい」とM美はブックサ。「えらい！　よくやった！」と100回褒めてきました。K子は赤子と対面して第一声が**「赤ちゃんの顔って変わりますよね?」**だったという。あまりの高砂親方フェイスにひるんだそーな。「でも赤ちゃんってみんな親方だね。授乳室で別の子に授乳しようとして『違いますよ！』って看護師さんに止められたもん」とおっしゃる。

そんなM美とK子も「せっかく産んだし、がんばって育てるわ」とスッキリした表情。やっぱ出すとスッキリするし、実物を見ると愛着が湧くんでしょう。

「出産中、大人数に囲まれて股をこじ開けられて『これ凌辱系のエロ漫画で見た！』と思った」

「お医者さんがマンコに手首までつっこんだ時『主人の目の前で別の男に！』ってネトラレ系のセリフが浮かんだ」

そんなエロ表現で出産を語る2人を見ながら「そうだよね、出産したからって別人になるわけじゃないもんね、いまの自分を気に入ってるしそんなのイヤだもんね」と私は思った。そして「セックスして～」「オシャレして夜遊びして～」とぐずる両名にスリミングジェルとラブローションを贈りました。「出産祝いは子どもじゃなく私にちょうだい」と言ってたし。


私たちはこれからも、仕事だの子育てだのに追われつつエロトークをするのでしょう。だって単純に好きだから。エロトークも好きだけど、なにより女同士で集まるのが大好き。男・お金・仕事・趣味……人生はいろんな要素でできていて、女友達がいればいいってもんじゃない。でも女友達がいると人生は面白い。

「生理があがる頃になっても、似たような会話してるんじゃない？」

そんな気がするねー色ボケババアまっしぐらだねーと笑いつつ、私たちは生きてゆく。自由に元気にのびのびと。かなり下品でアホですけど。嗚呼、女の友情とエロトークよ永遠なれ……!!

アルティシア×ぱぷりこ

アラサー妖怪男女はどんなセックスをしてるのか

ぱぷりこ　恋愛魔窟で出会った妖怪男女を、ブログ「妖怪男ウォッチ」で筆圧高く観測・供養する、人気の外資系アラサーＯＬ。著書『妖怪男ウォッチ』（宝島社）、『なぜ幸せな恋愛・結婚につながらないのか　18の妖怪女子ウォッチ』（文藝春秋）。

アル　本日は妖怪ウォッチャーのぱぷりこちゃんと「妖怪男女のセックス」について語りたいと思います。

ぱぷ　もろだしシリーズの復活本に出られて嬉しいです。「エロと笑いの玉手箱、ジャパニーズSATCだ！」と思って読んでいたので。

アル　ありがとう。さほど売れなかったけど、もろだしシリーズが一番好きと言ってくれる人は多いのよ。しかし41歳になった私が31歳の時に書いたエロコラムを読み返すと、分別がない。

ぱぷ　分別（笑）。

アル　今はゴムをつけないと駄目だの、シャワーを浴びないと駄目だの偉そうに書いてるけど、当時のコラムのタイトルが「シャワー浴びずにセックスしたいんですよ!!」。

ぱぷ　「ゴムつけずにじゃんじゃん外で出し放題」とかも書いてましたね。

アル　きっと今の若い女子の方が分別があると思う。本題にいきますと、妖怪男はゴムをつけない勢も多いんじゃない？

ぱぷ　その言い訳が強烈なんですよ。自称ロジカル男（この世の理《ことわり》のように俺論理を振りかざす妖怪男）の事例だと、女子が「ゴムをつけてほしい、大事にされてないようで傷つく」と訴えたら「それは論理的でない。ゴムをつけないからといって君を大事にしてないという理由付けにはならないし、君のなんらかの行動によって僕が知らずに傷ついたとするよ、そしたら君は僕のことを大事にしてないことになるの？」とか言ってゴムつけない、みたいな。

アル　だったら「中出ししたいからピル飲んで〜」っていうアホの方がまだマシだよね。「賢そうなフリすんな！」と金玉をむしって窓から投げたい。

ぱぷ　でも「生でする＝私が本命なんだ」とポジティブ転換してしまう、ずっとセカンド女子（本命彼女になれず常にセカンドポジションの妖怪女子）もいます。無料穴扱いされてるだけだ、目を覚ませ！　と言いたい。

アル　セフレ牧場経営者（複数の女子を並行稼働しコミットはしない妖怪男）の牛側の女子から聞いたのは、射精してスポッと抜いた瞬間「帰って」と言われたとか。相手は穴じゃない、血の通った人間なんだぞ！　と言いたい。

ぱぷ　ノー前戯で突っ込んでくる男とかもいますよね。

アル　そんなんされたら、小陰唇互い違いになるがな。

ぱぷ　小陰唇互い違い（笑）。

アル　小陰唇が巻き込まれて持ってかれるよね。妖怪男にひどい目に遭ったという報告は多いよ。読者の女の子が「自称ドSのセフレに目隠しされて縛られて猿ぐつわをされて……」と言ってて、それ人質やん！　みたいな。彼女は人質プレイが辛くて「私って肉便器なの？」と聞いたら「フッ、かもな」と返されたって、凌辱漫画か！　みたいな。そこで「ほなお前は便器ブラシやな！」ぐらいのことを返さないと。

ぱぷ　そんなふうに返せないタイプ、ノーと言えないタイプが搾取されますよね。自分が楽しむためじゃなく、男を繋ぎとめる手段としてセックスしているから、ますます病んでいくという地獄絵図。それに女性誌のセックス特集とかも、男を喜ばせるためのテクに偏ってるじゃないですか？

アル　最後はお掃除フェラでシメ、みたいな。

ぱぷ　どこのＡＶだよ、やったことないわって。

アル　ていうか、お掃除クンニとかされたくないよね？　逆に汚いしさ。

ぱぷ　もう1回風呂に入ろうみたいな。

アル　牛乳石鹼で洗い流そうみたいな（笑）。それでいうと、プレイ内容が妖怪じみてる男もいるよね。全身をべろべろ舐めまくる「妖怪唾液」とか。

ぱぷ　いる！　過去に遭遇したのが、体の表面を上から舐めていって、舐め終わったら引っくり返して、背中からまた舐めていって……。

アル　かば焼き？

ぱぷ　本当にその時、心で「かば焼きかよ!?」ってつっこみましたね。まさに妖怪かば焼き（笑）。妙な律儀さを感じる妖怪でした。あとはマニュアル妖怪もいますよね。一から十までマニュアル通りのセックスをするみたいな。

アル　女友達が「アダムタッチ妖怪」に遭遇したって。

ぱぷ　あははは（笑）。アダム徳永の教えのままにセックスする妖怪？

アル　でも、わりといい妖怪だったそうよ。ソフトな愛撫や焦らしテクを使われて、満足度が高かったらしい。

ぱぷ　童貞好きの女友達が「マニュアル通りにやるところが可愛いんだよ」と言ってて「なるほど、わからん！」と思った。

アル　私は自分が妖怪童貞食いなので、わかる！

ぱぷ　アルさんは熱血エロ教師として指導するんですよね？　でもそれって大事ですよね。女子もフィードバックしない勢が多いじゃないですか、痛いのに我慢しちゃうとか、本当にしてほしいことを言えないとか。昔セックスした男子に「痛い、バカ」って言ったら、彼はそのあと風俗嬢にビシバシしごかれたらしく、めっちゃ上手くなってて「これが進化か……！」と思った。

アル　シン・ゴジラみたいな（笑）。ゴジラ第三形態。

ぱぷ　進化には教わる姿勢が大事ということですね。

■不倫おじさん、妖怪セカチュー男

アル　私が働いていた広告会社は不倫おじさんの巣窟だった。

ぱぷ　私の前の会社もおっさんが社内不倫しまくってて、新卒の女子はだいたい食われるという地獄の伝統文化があります。

アル　肉食獣の檻にインパラを入れるようなもんだよね。元会社は「穴兄弟と竿姉妹」という社内バンドを組めそうなほど不倫が横行していて、隣の席の同僚が斜め前の上司とやってるとか。「あのポケットに刺してるペンを入れられた」とか言われて「落ちてても絶対拾わんとこ」みたいな（笑）。

ぱぷ　私の同僚も「上司とアオカンした」とか言ってました。「この前は墓場でやった」とか言ってて、墓場で夜の大運動会。

アル　まさに妖怪。たたりとか怖くないのかな？　蚊にも刺されるしさ。

ぱぷ　不倫してる女子って「セックスがすごくいい、相性がよすぎて離れられない」とか言いませんか？

アル　言う。ていうか不倫男はセックスやデート以外は何も与えられないから、そりゃ頑張るだろうっていう。

ぱぷ　そう！　あと脳内麻薬が出るじゃないですか。「私と今こんなに激しくまぐわってるのに、あなたは家に帰っていくのね……」みたいな。

アル テレサ・テン状態。

ぱぷ (腕をひらひらと上下させる)

アル それジュディ・オングやわ。テレサ・テンは愛人。

ぱぷ 愛人や。

アル 不倫にハマる子は非日常が好きなんだと思う。

ぱぷ そう、つまらない日常から私を救い出して系が多い。不倫って手っとり早い非日常じゃないですか。普通は彼氏が家に来てセックスだけして帰っていったら「大事にされてない」と思うのに、不倫だと「こんな隙間を縫って私との時間を……」ってドラマティックに酔えるし。

アル　若いうちに不倫ワクチンを打って、早期にまともな道に戻ればいいけど、何年も引きずってしまう子もいるよね。

ぱぷ　あと「若いうちに不倫ワクチンを打っとけ」とよく言われるけど、昔もやったことあるのにまたハマる女子もわりと多くて。

アル　ワクチンで抗体ができなかった？

ぱぷ　インフルエンザみたいに、A型不倫とかB型不倫とかいろいろあるから罹《かか》っちゃう。

アル　真面目でおぼこい子ほど罹りやすいよね。だって上司が部下にそんな気軽に手を出すと思わないじゃない？　世の中にはコンプライアンスってものがあるんだから。

ぱぷ　でも驚くほど気軽に手を出しますよね。そこで女子は「私のためにこんな高いハードルを越えて来てくれたのね……！」と本気だと思ってしまう。

アル　美しい物語にしたいんだよね。でもオチは「嫁が妊娠中だった」とか多いじゃない。

ぱぷ　それめっちゃ多い！

アル　「嫁が妊娠中でできないから自分に手を出した」という物語があまりにも無残でミジメだから、違う物語に書き換えたいのかも。私も新人の時に「妖怪セカチュー男」に遭遇した。彼は他部署のマネージャーだったんだけど「お前を初めて見た時、心臓が止まりそうになった……」とか言われて。結局オチは「自分の初恋の女の子に似ていて、その子は白血病で死んじゃった」っていう。

ぱぷ　世界の中心？

アル　当時はまだセカチュー発売前だったけど（笑）。しかも初恋の思い出を語りながらボロボロ泣くのよ。ヤルために泣くってスゲーなと思いながら「ご愁傷さまでした、じゃあ明日早いんで帰ります」と言ったらガバッと抱き締められて「助けてください〜！」みたいな。

ぱぷ　自分がセカチューに（笑）。

アル　それでも帰ろうとしたら「お前、何型だ？」と聞かれて「O型です」と答えると「やっぱりな、俺はO型の女は合わない！」とキレられて。なんでこんなバカがマネージャーなんだろうと思った。

ぱぷ　私も思い出しました。昔、飲み屋で元広告代理店のおじいさんと知り合って「死んだ恋人にすごく似ている」と言われて。

アル　空襲とかで死んだのかな。

ぱぷ　事故死とか言ってましたね。目頭を押さえながら「本当に君はそっくりだ……」って。

アル　おじいさんは若い女がみんな同じに見えるからな。私たちがおじいさんの見分けがつかないのと一緒で。たぶん泣いてる時ってチンコが勃ってるんやろな。

ぱぷ　出ちゃってる、もう。

アル　キモいわ〜。あと、若い頃は不倫沼からスピリチュアル沼にハマる女子が多かった。上司との不倫をこじらせた女友達は魔法学校に通いだして。

ぱぷ　魔法学校！

アル　魔法学校ってスコットランドとかにあると思ってたけど、普通に都内にあるらしくて。

ぱぷ　都内で魔法を習うんですか？

アル　黒魔術とか習うんだろうね。別の女友達は石だの鈴だの札だのを肌身離さず身につけて、占い行脚《あんぎゃ》をしてたんだけど、テレビにも出ている有名な男性占い師に診てもらったら、その占い師がストーカーになって。

ぱぷ　引き寄せ！　弱ってる時は妖怪を引き寄せますよね。「こいつはカモれそう」とターゲットにされてしまう。著書『妖怪男ウォッチ』でお札を付けたのも、魔除けしてほしい！　という思いからでした。

アル　彼女は街を歩いてるだけで「あなたは今悩みがありますね」と印鑑を売られそうになってた。でも今の夫と結婚してスピリチュアル沼を抜けられたのよ。「石とか鈴とかまだあるの？」と聞いたら「引っ越しの時にどっかいった」と言ってて。ノースピリチュアルライフが幸せそうでよかったよ。

ぱぷ　妖怪魔窟から脱出できてよかった！

■私はあなたの信者女子、私が彼を救う女子

アル　かくいう私もかつては妖怪女でした。有名なクリエイターと付き合っていた時に、私はあなたの信者女子（著名人男性を崇め奉り滅私奉公する妖怪女子）になっていたので、「女秀吉」というのがよくわかる。

ぱぷ　女秀吉ね。草履を温めて、滅私奉公すれば本命になれる！　っていう。

アル　もう草履食べるぐらいの勢いだった。

ぱぷ　食べたら履けない（笑）。

アル　セックスの時も彼はマグロで、私はせっせと乳首を舐めてフェラをして。本来の自分は尽くすタイプじゃないのに、その人に対しては信者になってしまってた。

ぱぷ　『恋愛格闘家』（※）に書いてましたよね。あの時はクリエイターの妻の座がほしくて、そのために耐えてしまったみたいな。そこまで自己分析できるのはすごいですよ。

（※『59番目のプロポーズ』以前の血まみれの恋愛地獄を綴ったアルテイシアの著書）

アル　いや〜、ぱぷりこちゃんの妖怪女の解説がまんま当てはまる。自分は仕事ができないし成功もしないだろうから、仕事のできる成功した教祖の妻の座がほしかった。まさに「他力本願で特別な存在になろうとしていた」ってやつ。

ぱぷ　他人を使って自己実現しようとするのが信者女子ですよね。それに「尽くすことは愛情だ」「献身性はすばらしい」とか教えられてるじゃないですか、道徳的に。

アル　秀吉の草履も歴史の本に載ってるから。

ぱぷ　それで「尽くして耐えれば報われる」と信じてしまい、耐久力勝負になっていく。

アル　女友達も「セックスしないのにフェラだけする」というフェラ奴隷になっていて、顎関節症になった。

ぱぷ　フェラで顎関節症に！

アル　「なんで顎が外れるまでやったの？」と聞いたら「しゃぶってる時は無心になれたんです」と言ってたよ。マインドフルネスフェラ。

ぱぷ　だったら写経をすればいいのに（笑）。

アル　信者女子が悪い意味で進化すると、私が彼を救う女子（地母神化すること）で妖怪男を受け入れようとする妖怪女子）になるよね。慈母の宿星を持つユリアみたいな。実際は秘孔を突かれてバラバラにされるモブ扱いなんだけど、それを認めたくないから「私の愛で彼を救うんだわ……!!」と。

ぱぷ　キラキラ粉飾して「すべてを受け入れる癒しの聖母」になりたがる。結果、心身にダメージを食らいすぎて入院する子もいます。

アル　昔、女友達が教祖のように崇拝する芸能人と付き合ったのよ。10代の頃から憧れていて、いつ会ってもいいように手紙を財布に入れてたぐらい。それが偶然なんかのイベントで会ったんだよね。

ぱぷ　会ったんだ、すごい。

アル　それで手紙を渡したら、相手は妻子持ちなんだけど連絡がきて口説かれたのよ。そんなの超ハマってしまうパターンでしょ？　彼女も「奥さんがいるけど、でもずっと好きだった人だし……」とか言ってたけど、セックスしたらキモくて一気に冷めたらしい。

ぱぷ　うわー、よかった！

アル　「オナニーしてるところ撮らせて」とか言われて超キモかったんだって。「私が好きだったのはブラウン管の向こうの彼だったのよ」と言ってた、ブラウン管ってＪＪ（※）言葉だよね（笑）。
（※ＪＪ＝熟女。幻冬舎ｐｌｕｓで連載中の「アルテイシアの熟女入門」で頻出する略語）

ぱぷ　昭和の香り（笑）ずっと片思い女子（恋に恋して現実の男性と触れ合わない妖怪女子）とかは完全に相手を美化してるから、現実を見てゲンナリするのはいいことだと思います。

アル　セックスでゲンナリしたことはある？

ぱぷ　うーん……10歳ぐらい年上ですごくやりたいと思った男性がいて、いたしたんですけど、肌が柔らかいんですよね。

アル　ゴム人間みたいな感じ？

ぱぷ　同世代とは質感が違うんですよ。見た目は若くて体も締まってるのに、肌って年齢が出るんだなーって。

アル　出るよ！　顔は若くても首がしわしわのミイラだったり。

ぱぷ　首と手は年齢が隠せないと言いますもんね。最近もSNSでキャバ嬢の手がしわしわでこれヤベーっていうの見ました。

アル　私も手がしわしわってネットに書かれた！

ぱぷ　ひどい（笑）。

■処女率98%、光の射精と闇の射精

アル　私たちは女子校育ちで男に免疫がなかったでしょ? しかも私が10代の頃はネットもなかったし、ペニスというものを見る機会がなかった。少女漫画は水しぶきとか逆光とかで局部が見えないから。

ぱぷ　あと花で隠れているパターン。

アル　ちらっと見えても毛が生えてないでしょ。でも実際は生えてるよな〜と思って、高校生の私はペニス全体に毛が生えてると思ってた。モッフモフ。

ぱぷ　猫の尻尾みたいな(笑)。

アル　フェラチオとかどうやってするんだろう? と謎だった。もともとフェラチオという単語も知らなくて、雑誌『ピチレモン』では「F」と表現していて「Fの上手い彼女は最高と言われた」みたいな投稿を読んだ時、学校で「先生、Fって何ですか?」と聞いたら、先生も同じ母校の卒業生でおぼこいから「Fってなんだろう」みたいな。

ぱぷ 一緒に悩んでくれたんですね(笑)。うちの学校も98%は処女で卒業してました。

アル うちも処女率98%だった。当時は二次元でしか男を知らなかったけど、二次元ってニオイがないでしょ? バスケ漫画とかめっちゃ汗かいてるけどクサくないし。それで大学に入って初めて男子と付き合って、その彼がバスケサークルで「バッシュちょっと持ってて」と巾着袋を渡されて「これ進研ゼミで見た!」とギュッと胸に抱いたら「クサッ!!」となって「これが男か……」みたいな。

ぱぷ ウォーター! みたいな(笑)。それでいうと私はニオイがなさそうな男が好みで、付き合った人々は体臭があまりなかったんですよ。だから、男の部屋が汚すぎる方がショックだった。「ぱっと見は清潔度高いのにギャップありすぎねーか?」みたいな。部屋中にモノが散乱して、ポテチのゴミが散らばってるとか。

アル　行政のお世話になる感じ? 害虫が発生したりとか。

ぱぷ　害虫はさすがにいなかった(笑)。虫は湧かない、カビは生えない、ギリギリ人としての尊厳は保たれてるレベル。当時は若かったのでそんな部屋でもバンバンやってましたけどね、ベッドは真っ二つに割れなかったけど。

アル　「絶倫モーゼも40を超えると性欲が衰える」という話を書いたけど(P357)、31歳の自分は41歳の自分も性欲まんまんでセックスフルだと思ってた。でももう風前の灯火《ともしび》。

ぱぷ　私はアラサーにして既に性欲が失せてきてヤバい。私もわりと性欲強かったんで、結婚してもセックスが減ることはないと思ってたけど、もうとにかく寝たいみたいな。性欲云々よりも健康のために。最近はもう健康の話しかしないぐらい。

アル　今でそうやったらJJになった時にどうすんの。

ぱぷ　ほんと心配。でもセックスの頻度が減ったのは、夫婦ともに仕事が忙しすぎて寝ないと死ぬみたいな。それが最近ちょっとマシになって、体力が回復したらセックスも週1ぐらいに戻りました。

アル　やっぱ決め手は体力だなあ。40歳になっても夫とやってそう？

ぱぷ　どうだろうな～わかんないな～。もともとは性欲が強い方なので、それがどうなっていくのかは興味あります。

アル　「夫以外とならやりたい」と夫だけED発言していた女友達も「今はべつに誰ともやりたくない」と言ってる。その気持ちはわかるというか、男がレーダーに映らないみたいな。それって女遊びが楽しすぎるからだと思う。JJ会で何時間もしゃべったら、スッキリしてもう完全に射精状態。

ぱぷ　わかる、精神の射精。「女はトークで射精ができる」は名言ですね。

アル　フルマラソンを走る人とかも射精してるんだろうね。人は皆それぞれ射精している。

ぱぷ　私は文章を書くことがわりと射精に近い。ただストレスがたまりすぎると買い物に走っちゃう。昔、仕事のストレスで鬱寸前になった時の金遣いが半端なくって、何十万もするブランド物とかバカスカ買って、あれは異常だったと思う。

アル　光の射精と闇の射精があるよね。

ぱぷ　完全に闇の射精だった。最近は高いものを買ってないし、女友達と飲んで食べてしゃべるのが一番の射精だから平和ですね。

アル　お互い、光の射精をしていきたいね！

第2章　35歳のエロス

14 ヴァジャイナ　イズ　ビューティフル？

「女性器は美しい」とか語る人もいるけど、基本グロいと思うんですよ。

以前「私のは特にグロいんじゃ？」と思って、産婦人科医の女友達に見てもらいました。2人でホテルのスパに行った時、他にお客さんもいなかったので「ちょっとマンコ見てくれない？」と頼んだところ、

「診るの？」

「いや見るの、内部じゃなく外観を」

そういって私は風呂のへりに腰かけて、パカッと股を開いた。女医は眉ひとつ動かさず「もう少し足を開いてもらえますか？」。そして真剣な眼差しでマンコを見つめて一言。「きわめて標準的」。

「マジで？　魚の苦いところみたいな色じゃない？」

「成人女性のは大抵、魚の苦いところみたいな色だよ。まれにピンクの人もいるけど」

「それにしたって黒すぎない？」

「その程度の黒さは標準的」

「小陰唇も大きすぎないか？」

「小さくもないが大きくもない、きわめて標準的」

というわけで、私のマンコはなんの個性もないマンコらしい。嬉しいような、やや残念なような。


男性向けのエロ漫画には「ナントカちゃんのここ、ピンク色で綺麗だ……」といったセリフがあります。エロ漫画は男の夢をつめこんだ夢風船ですからね。彼らが夢風船をオカズにするのは結構だが、「これはあくまでファンタジーで、現実のマンコはピンクじゃないし綺麗じゃない」と理解しておいてほしいもの。現実のマンコは魚の苦いところみたいな色だし、小陰唇などもはみ出して雑然としています。

小陰唇は無駄に存在しているわけではなく、穴を守るフタの役割を果たしているそう。よってフタが大きい方が清潔とも言える。けれども世の中には小陰唇の大きさに悩み、縮小手術を受ける女性もいるらしい。

私は舌ピアスをしている若者を見るたび「醤油がしみて痛そう」と思うんだけど、小陰唇を切ったり縫ったりしたら、オシッコが超しみそう。そんな痛みを乗り越えてまで、なぜ切るのか？　べつに小陰唇が大きくても困らないのに。チャック上げる時に挟んだら痛いだろうけど、チャック上げる時に気をつければいい話で。私の女友達など「私なんてこれで空を飛べるんじゃってくらいデカいよ！」と誇らしげに語っていて「まあ、アダルトなダンボ！」と周囲も称えました。

小陰唇の大きさに悩む人は、男性に大きいと思われるのが嫌なんでしょう。その解決策として「小陰唇は大きい方がいいと彼氏を洗脳する」案はいかがか。

実際、小陰唇はクリトリスと神経がつながっていて、性感帯なんだとか。「私って小陰唇が大きいから清潔だし感度バッチリだし、あなた私と付き合えてよかったわね！」と彼氏に1日100回言ってみる。でも小陰唇の大きさに悩む女性は、「小陰唇」と口にするのも恥ずかしい、トゥーシャイシャイガールなのでしょう。私のように「陰茎、覚悟！」「おのれ、謀ったな陰唇！」と三国志ごっこをしたりはしないのでしょう。

そこで私が皆さんにかわって〝小陰唇は大きい方がいいんだよキャンペーン〟を

大々的に行いたいところですが、私、知名度ないしなあ。小池百合子あたりが旗振り役となり、〝クール・小陰唇〟キャンペーンをしてくれまいか。でも小陰唇って呼び方はちょっと堅いよね……ってことで辞書で調べたところ、英語ではLabia minoraというらしい。発音的には、レイビア・ミノラ。あらオシャレ！　なんか海外のハイブランドっぽくないですか？　日本でもレイビア・ミノラという呼び方を広めてはどうか。パッチをレギンスと呼ぶとオシャレになるように、小陰唇をレイビア・ミノラと呼ぶと、オシャレな臓器《ぞうき》として認識されるかも。私も率先して**「私のレイビア・ミノラは今年流行のシックなグレーよ！」**と語って、宣伝につとめようと思います。あとキャンペーン用のリストバンドを作ってみるとか。ややブラウンがかったグレー（魚の苦いところみたいな色）のバンドに〝Cool Labia minora〟とロゴが入っていたら、きっと流行ると思うわ☆

さて。実在のマンコを見たことのない青少年が「マンコって美しいんだろうな〜」と夢見るのはわかるけど、さんざんマンコを見倒していても「マンコは美しい」と語る男性もいます。

昔、女友達から「マンコの写真を100枚撮られたことがある」という話を聞きました。撮影中に乾くやないの……という問題はさておき、その友人は「セックス番長」と呼ばれる猛者。世界を股にかけて働きながら世界中の男を股にご招待しているのですが、その彼女がフランス人の画家と付き合っていた時のこと。

その画家は「女性器のフォルムは究極の美だ」という意見の持ち主で「ヴァジャイナ　イズ　ファンタスティック！」みたいなことを、朝から晩まで言うてたらしい。彼に「キミのヴァジャイナを撮影させてくれ」と頼まれた番長は「まあいっか」と了承したそう。関西出身でキップのいい女なのです。

そして撮影後、画家はマンコの写真を大きく引き伸ばして「これがもっともビューティフルだ」「これはすごくビッチィだ」と惚れ惚れと語ったという。番長は「ぜんぶ同じやんけ」と思いつつ**「体のどの部分であれ、褒められて悪い気はしませんね」**と微笑んだそう。その後、画家はマンコの写真をモチーフに絵を描き、自分の個展に出したそうです。番長も個展を見に行って「絵が売れているのを見た時は嬉しかったわ」と振り返っていました。

『SATC』（セックス・アンド・ザ・シティ）に似たようなエピソードがあったけど、世の中には変わったオッサンがおるんやなあ。そこまでマンコ信仰の強いオッサンなら、マンコを見ながらどんぶり飯も食えるんだろうけど、私は無理。男性作家の官能小説を読むと、年増の人妻の女性器を「淫靡な顔つきに似合わず桃の蕾のように可憐で、少女のような初々しさをたたえ」などと描写していますが、そんなわけあるか。

官能小説の人妻は、人妻とは思えない滑らかな白い柔肌で、抱きしめたら折れそうな華奢な体つきにもかかわらずたわわな乳房の持ち主で、乳首はピンクと決まっています。あれも男の夢風船なので「年相応に黒ずんでおりビロビロで」とか書いては駄目なのね。でも現実の人妻のマンコは、年相応に黒ずんでビロビロしてます。私ももちろんそうですよ、と一途に「マンコは美しくない」と訴えてますが、チンポだって美しくない。

縄文時代まで記憶をさかのぼり、私が処女だった頃。大学生の私は彼氏の勃起したチンポを見て「エイリアンの幼体か？」とギョッとしました。実際『エイリアン』のデザイナーのH・R・ギーガーは、性器をモチーフにデザインしたそう。芸術家はみんな変なオッサンか。

ともあれ処女だった私はそのエイリアンを穴に入れ「痛いがガマンできないほどじゃない、幼体が腹を突き破って出てくるよりはマシだろう」と耐えているうちに、彼氏が射精して終了。全然気持ちよくなかったけど、女友達から「最初は気持ちよくないが、やりこんでるうちによくなる」と聞いていたので「ま、こんなもんか」という感想。その彼とは3ヶ月で別れたけど、なんとなく付き合ってなんとなくやった相手なので、特に記憶にも残らず。完。というように、私の処女喪失は無味乾燥なものでしたが、周りの女友達も無味乾燥な感想を述べます。「女は初めての相手を忘れない」と信じている男性もいますが、これも男の夢風船ですね。

「セックスで自我を壊す」的なことを書いてる男性の物書きに出会うと、「アホかしら?」と思います。セックスごときで壊されてたまるかと。そう言うと「キミは本当のセックスを知らない」と必ず返してくるので、ウザいから黙っておく。で、帰ってから女友達に「あいつめっちゃアホやで!!」と言いふらす。

そりゃ「壊れちゃう」とか言うと喜ぶし、我を忘れたふりとかもするけど、サービス精神でやってるとなぜわからぬ。某元都知事も「初めて結ばれた時、男性のシンボルをどのように感じたか、母と娘で率直に話し合おう」と著書に書いてましたが、そんなもんキ●ガイ親子やないか。みんな夢風船を大事に抱えてるんだから！　くすくす。

大事な風船をパーンと叩き割って申し訳ないが、女にとって処女喪失など単なる通過点。「大して記憶に残ってない」という女が多いし「大してどころか一切の記憶がない」と番長は言います。

番長はコンパで出会った男と酔ってそのへんの階段でやったという。「だから相手の顔も名前も何も覚えてないんだよね」という言葉に「ただれた青春すぎないか？」と言うと「うん、子どもには言えないね」（彼女は現在、二児の母）。「そのかわり『絶対ゴムつけろ』とかしっかり性教育するよ。自分が若くて愚かだっただけに、リスクをよーくわかってるから」とのこと。「初めてお父様のシンボルを拝んだ時は、その雄々しさに圧倒されてしまって……」とか語るよりは、よっぽど役に立つと思います。つかそんな母親いないけど、まさに非実在ですね！　くすくす。

15 マンコ異臭騒動

セックスの前にチンポを洗えと主張する私ですが、もちろんマンコも洗うべき。が、マンコは洗っていても臭くなることがある。

20代の頃、私はマンコ異臭騒動を起こしたことがあります。当時の彼氏とタイ旅行に行った時のこと。私は朝から晩までタイ料理を食べ続けていました。そろそろ肛門も痛くなってきた3日目の夜、ホテルの部屋でセックスしていたら、

彼氏「なんかナンプラー臭くないか?」

アル「臭いね、どっかでこぼれてるのかな」

という話になり、臭いの元をたどったところ……発生源は私の股でした。

生春巻きにつけたら美味そうなぐらい、愛液がナンプラー化していたのです。「食べものが体を作るんだなあ」と食育に思いをはせつつ、ふと思った。「そういや精液はカツオだしの味がする」。もちろん味噌汁にして飲みたいような美味い味ではなく、エグく生臭いのですが、ベースはカツオ風味な気が。日本人は和食を食べているか

ら？

イギリス人の女友達は「ベジタリアンの精液はパイナップルジュースの味がする」と語っていました。それならゴクゴク飲めそうだ。「ベジタリアンじゃない男性は？」と聞くと「生ゴミ」と返ってきたので、基本的に生臭いのは万国共通のよう。自家製ナンプラーを製造した私ですが、日本に帰るといつものキンモクセイの香りに戻りました……というのは嘘で、通常の愛液の匂いに戻りました。

産婦人科医の女友達いわく「彼氏に『おまえクサいんじゃね？』と暴言を吐かれて病院にくる女性もいるけど、ほとんどはクサくない。彼氏が勝手に言ってるだけ」とのこと。そんなこと抜かす輩には、精液の匂いを嗅いで「こいつはくせえーッ！　ゲロ以下のにおいがプンプンするぜッーッ！　こんなチンポには出会ったことがねえほどになァ――ッ！」と叫んでやればよろしい。

友人は「たまに本当にクサい場合もあるけどね、性病とかタンポンの抜き忘れで」と言います。「それってどうやって診察するの？」と聞くと「嗅ぐの、鼻で」とシンプルな回答。まずは鼻を近づけて直接嗅ぎ、その後、膣内に綿棒を入れて匂いを嗅ぐんだとか。その話を聞いて「お医者さんって偉大だなあ」と改めて尊敬しました。

私は医者の友人が多いのですが、新幹線で「お客様の中にお医者様はいらっしゃいませんか？」という場面に遭遇した……といった話を聞くと、胸が熱くなります。そんな時にさっと駆けつけて、具合が悪くなった人の手当てができるなんて、なんと立派な人たちだ。そんな時に物書きの私にできることといえば「万一の事態に備えて家族への手紙を代筆する」くらいか。でも具合が悪い人に「万一のために家族への手紙を書きましょうか？」と聞くなど、縁起が悪すぎる。しかも私はエロ作家、感動的な手紙など書けそうもない。

このエロ作家は足の臭い作家でもあります。でも足が臭い女性って多いと思う、パンストとかブーツとか履いて蒸れるし。

仕事帰りに女友達が家に遊びにくると「足洗っていい？」と玄関から風呂場に直行します。「ブーツ、玄関の外に置いた方がいいかな？」とまでの気の遣いよう。

よって女が幹事のコンパでは、座敷の店は選ばない。一方、男が幹事だと「座敷のほうが距離が縮まる」と安直に座敷を選ぶけど、むしろ距離は開きます。女は「近寄ったら足臭いのがバレる」とそっと体を引きつつ、足の上にコートをかける。そこへ男が「コート、ハンガーにかけようか？」と近寄ってくると「いえ、結構です！」とさらに体をのけぞらせる。

コンパの店に着いて「座敷じゃねえか！」と狼狽して「ちょっとトイレ行ってくるネ♪」とトイレに行き、個室でブーツを脱いで「クセぇ……」と絶望した経験のある女性は多いでしょう。

前の章で「洋式トイレの上の蛇口でチンポを洗った男友達」の話を書いたけど、あの蛇口で足を洗うのは、いくらバランス感覚に優れた人でも無理がある。そのまま後ろに倒れてドアを突き破って床で後頭部を強打し、居酒屋から救急車で運ばれたらどうしてくれる。コンパしてる場合じゃないよ？　というわけで、男性には座敷を選ばないでいただきたい。

女友達が集まると「私、足めっちゃクサいねん」「そんなの私だってクサいよ！」と足クサ選手権が開かれます。ある女友達は「足のクサいOLのブログを書こうかと思う」と語っていました。いろんな消臭グッズを試してその効果を発表するブログ。友人一同「書いて！　ぜひ読みたい！」と目を輝かせましたが、彼氏の反対にあって断念したそう。足クサＯＬブームがきたかもしれないのに……。

　ネットのニュースで〝足がクサいと言われた女性、相手の男を刺す〟という米国の事件を知りました。幸い、刺された男性は一命をとりとめたそうですが、「女のプライドを傷つけちゃいけない」と身をもって知ったでしょう。かたや足のクサさをブログで公開しようとする女性もいて、プライドも人それぞれ。

　とはいえ「セックス中にマンコがクサいと思われるのだけはイヤ」という女性がほとんどでしょう。私もセックス前はシャワーを浴びて入念にマンコを洗うし、陰毛もまびきます。それはプライドだけじゃなく、「マンコがクサかったら悪いな」「クンニの時に鼻に毛が入ったら申し訳ないな」という相手への気づかいもある。にもかかわらず男が洗わず舐めさせようとしてくると、チンポのクサみに腹が立つんじゃなく、その気づかいのなさに腹が立つ。

これは女にも責任があると思います。バーで飲んでると「私、ドMなんです～。だから洗わなくても舐めちゃう」とか言う女がいて「そうやって男を甘やかすから他人が迷惑こうむるんだ！」と怒鳴りたくなる。モテたくて言ってるならまだマシで、本気でM自慢する女、「イラマチオも嫌いじゃない」とか言う女は「もっと公共心を持て！　公衆便所にも『次に使用する人のことを考えましょう』と書いてあるだろう!!」と怒鳴って舌を抜いてやりたい。

と女友達に愚痴ったら「でも私は喉が太いから、イラマチオされても平気かも」と今度はのど自慢されました。知り合いの女性は「濡れてないカサカサのマンコにぶっこまれるのも、処女気分を味わえて悪くない」と語っていた。

みんなもっと女性全体の利益を……女同士の連帯を……！　とフェミになっちゃいそうな私。てゆーかもともと魂はフェミだけど!!……何に対して怒ってるかわからなくなってきた。とにかくM自慢する女がいるから、私みたいに男に乳首を噛まれて「コラッ、噛んじゃダメ！」としつけ直さなきゃいけない女もいるんです。犬（間違えた）男に変なクセをつけないよう、皆さん気をつけてくださいね！

16

男なら黙ってトイレットペーパーを食え！

海外のホテルに泊まると、バスルームのシャワーが壁に固定されているタイプ（ホースがなくてシャワーヘッドだけ壁についているタイプ）の時があります。いつも思うんだけど、あれは非常にストレスがたまる。もっとも清潔に保ちたい陰部周辺をしっかり洗えないから。しかたなく内村航平（@床種目）のようにピンと片足を上げたり、江頭2：50のように尻を突き出したりしてガムシャラに洗いながら「外国の人はマンコやアナルを洗わないのか？」と疑問に思う。あのへんはもっともガムシャラに洗いたい場所ではないのか。

ウォシュレットも海外では日本ほど普及していません（日本の家庭の普及率は7割以上なんだとか）。ウォシュレットは多機能化が進み、便座を温めたり音楽を流してくれる機能もあります。ウンコするのにそんなサービスが必要か？　とも思うけど、冷たい便座に座るとショック死しそうになる自分もいる。歌手のマドンナは来日した際「日本の温かい便座が懐かしかったわ……」と語っていたそう。

日本人が陰部周辺を清潔に保ちたいのは、「他人にクサいと思われたくない」という羞恥心もあるのでしょう。「シャワー浴びないと恥ずかしくてセックスできない」という日本人女性は多い。それに比べて、欧米の女性はあけっぴろげだと感じます。

アメリカに留学していた女友達が「大学の寮で男子が窓から尻を出したら、女子も負けじと尻を出し返してた」と語っていました。人前で尻を出せる日本人女性は、森三中の大島さんくらいではないか。大島さんも仕事で出しているわけで、アメリカのリアリティ番組とか観ると、素人のギャルが「ハ〜イ♪」と車の窓から尻を出しています。それに海外セレブは、パンチラどころかマンチラ写真をよくパパラッチされている。

産婦人科医の女友達に「やっぱ国民性の違いかねえ？」と聞くと「羞恥心が少ない方が本人は楽だよ」とのこと。「内診を恥ずかしがる患者さんも多いから。恥ずかしがって力を入れると、どんなベテランが診察しても痛い。出産の時にも恥ずかしがって脚を開きたがらない妊婦さんもいるよ」。「そんなん言うてる場合ちゃうやん！」と驚くと「言うてる場合じゃなくても、恥ずかしい人は恥ずかしいのよ」。

私は人前で尻は出さないものの、内診は平気。あれは歯医者で口を開けるのと同じだと思っているから。一方「恥ずかしくて婦人科検診を受けたことがない」という女友達もいる。これぱっかりはかわりに受けてあげるわけにいかないしなあ……ほんと人によって羞恥心もさまざま。

先日、女友達から「セックス中に彼氏に『あそこにトイレットペーパーがついてる』と指摘されて、その場で死にたくなった」と言われて「そんなことで死んでたら命がいくつあっても足りない」と答えました。というのも、トイレットペーパーはあそこにつくものだから。

オシッコした後の女性器は湿っているうえ、小陰唇とかあって入り組んだ構造だし、そりゃついて当然というもの。彼氏もわざわざ指摘するなよと言いたい。私はリリー・フランキー氏が「今までにトイレットペーパー1本分は食べた」と語っているのを読んで、ほんのちょっとだけ好感度が上がりました。

そう、男なら黙ってトイレットペーパーを食え。少量なら食べたって害はない。そっちが食うなら私も食う、チンポについたティッシュを（でも肉眼で見えるなら事前にとっておいてほしい）。なにより、女は雑菌を食べていることを忘れてほしくない。奥まってるマンコに比べて、飛び出してるチンポは空気に触れる面が大きいぶん、雑菌がつきやすい。シャワーも浴びずフェラを求める男には「雑菌の繁殖力みくびんなよ！」と言いたい。

トイレットペーパー以外に、セックス中のオナラ問題もあります。膣に指やペニスを入れると直腸にも刺激が伝わるため、オナラが出やすくなる。アラフォーの女友達は「私はガスがたまりやすい体質だから、１００％出る！」と屁魔女宣言。「前戯でプッと出て、挿入でプッと出て、イク瞬間にもプッと出る」という彼女に「旦那さんの反応は？」と聞くと「慣れっこみたいでスルーしてるよ。冬場とか布団に匂いがこもって地獄だけど、文句も言わないし」。

いやー立派なご夫君だ。ちなみにご夫君は初めて彼女の部屋に泊まった時、緊張のあまり飲みすぎてオネショをしたそう。でも彼女に「人間、オシッコくらい漏らすよ」とさらっと言われ、ますます惚れ直したんだとか。

男女関係において大らかさって大事ですね。オナラが出るかもと不安でセックスを楽しめない女性には、大らかな男性と付き合うべし、と言いたい。うちの夫は「オナラが好きな男と付き合えばいい」と提案していました。夫は私が屁をこくと「わーい!!」とはしゃぐ。こういう精神年齢が小二の男を選ぶのも手だけど、初対面の男性に「屁はお好きですか？」と聞きづらいのが問題。

子持ちの友人たちは「子どもを産むと開き直れるから大丈夫」と言います。女友達の1人が「昔は人前で着替えるのも恥ずかしかったけど、今ではどこでも乳を出せる」と言い「授乳してたらすっかり乳首が伸びてさ、ほれ」とビョーンと乳首を伸ばして見せると、べつの女友達も「私もチューインガムみたくなってるよ、ほれ」とビヨーンと見せてくれます。**母は強し、乳首は長し**。

そんな彼女らは「女は母になると強くなるが、男は父になると子どもになる」と言います。友人いわく「授乳してると旦那が『ボクちゃんもおっぱい吸わしてほしいでチュー』とか寄ってきて、ウザくて殺しそうになる」んだとか。そうか、あの大手保険会社に勤めるご夫君が、家では「吸わしてほしいでチュー」とか言ってんのか……

と妻の女友達に想像される夫こそ、もっとも恥ずかしいかもしれません。

女性読者から〈処女なのに乳首が黒くて恥ずかしい〉といった相談ももらいます。私が中学生だった旧石器時代から、『ピチレモン』には「乳首が黒い＝遊んでるという噂はウソ。乳首の色はメラニン色素の沈着によって濃くなる」と書かれていた。にもかかわらず、平成の世にも「乳首が黒い＝性体験が多い」という都市伝説が生き残っているのか。

そんな伝説はデタラメだと証明する生き証人が私、なぜなら私の乳首はまあまあピンク。性体験と乳首の色が比例するなら、私の乳首は漆黒でもおかしくない。マンコにしても、産婦人科医に「きわめて標準的」とお墨付きをもらいました。

セックス番長と呼ばれる女友達は、私が知る限りもっとも性体験が多いけど、一緒に温泉に入った時「……⁉⁈」と番長の股をガン見しました。そこは初々しいピンク色で、小陰唇もきっちり収納されていたから。そういえば、番長の家もきっちり整頓されていたわ……収納上手はここにも反映されるもの？　なんてメンタリティはもちろん関係なく、乳首や性器の色や形は生まれもったもの。

ちなみに番長は「セックスは南米系に限る！」と南米系の男性とすることが多かったのですが、昔の写真を整理しながら「これルイスだっけホセだっけ？」と自分でも混乱するそう。

ここにも都市伝説はデタラメだと証明する生き証人が。よって乙女たちよ、乳首や性器の色や形について悩むのはやめましょう。万一そんなことを気にする男がいたら、口にトイレットペーパーをぶちこんであげましょうね！

17 草食系男子にフェラすれば

おじさんに「近頃は草食系男子が増えてるんだって？　俺たちがガキの頃は河原のエロ本に群がって……」と語られるのは、とってもウザいもの。そりゃ河原や竹やぶにしかエロが落ちてない時代は「裸を見たい！　セックスしたい！」という興味も欲望も強かったでしょう。けれども現在は、そこら中にエロが落ちている時代。女の裸やセックスの動画がいくらでも手に入るんだから、今さらドキドキもしないし、興味や欲求が薄れるのは自然な流れ。

そういった社会の変化を鑑みず「今の若い男は情けない、俺たちが若い頃は……」と武勇伝を語るおじさんは「男は種を撒く性だから本能を抑えられずに浮気する」と都合のいいロジックで「今晩どう？」と口説いてきます。そんな時は「男が本能を抑えられないなら全員レイプ犯になってもおかしくないけど実際レイプするのはごく一部の男なんだから結局は人間性とモラルの問題じゃないですか？」と一気に論破してもいいけど、その労力すらもったいない。ですので、対策として「熱心に鼻くそをほじること」をおすすめします。その上で掘り当てた鼻くそをじっと見つめれば「ああ、自分がしゃべってるのは鼻くそ以下の内容なんだな」と気づいてもらえるでしょう。

おじさんはほっとくとして、私は草食系男子が好みです。シャイで奥手で素朴な草食系に萌えるし、それが童貞ならなお萌える。そんな私は、心にオタク男子を飼っているのでしょう。心にオッサンを飼っている女性（山本モナとか）は、ギラギラと精力の強そうな政治家や野球選手を好む。私はそういうヤリチンには一滴もそそられず、ピュアで初々しい童貞の恥じらいっぷりに萌え転がる。

これは、処女好きのオタク男子と同じ心理だと思います。エロ漫画で巨乳処女が

「男の人のってこんななんだ……」と恥じらいつつチンポを拝む場面で「ケッ！」と吐き捨てる女性は多いけど、私は「わかる！」とヒザを打つ。童貞男子に「いざフェラ！」と迫って「でもシャワー浴びてないし……」と恥じらわれると、萌えすぎて心臓が痛くなります。それで心臓を押さえながら「洗ってなくてもどうということはない！」とむしゃぶりつく。これがヤリチンだったら「チンポ洗って出直せやゴルァ!!」とがなり散らしますが。

一方、相手が童貞だと「私は健康だから多少の菌には勝てる、豚肉やヨーグルトを食べて免疫力を高めてるし」と自分に言い聞かせつつ、相手に「大丈夫、豚肉やヨーグルト食べてるから！」と言うとキョトンとされるので「○○くんに気持ちよくなってほしいんだもん♥」的な発言をして、精魂こめてしゃぶります。それで相手が「すごいっ……」とか悶えてると、神気分を味わえる。

「フェラの奉仕させられてる感がイヤ」いう女性は「神気分を味わうためにフェラする」と考えてはどうでしょう。フェラ中、男性は金玉や亀頭という最大の弱点を握られている状態。「こやつの運命は我が掌中にあり……ムハハハハ！」的な気分でやると、楽しいですよ。

童貞好きの私は『高校生クイズ』が大好き。いかにも童貞風のメガネたちが知力を競い合っている姿を観ると、股がキュンと締めつけられる。それで一緒に観ている女友達に「この中で誰とやりたい？」と聞いて「そんな観点で観てないし！」とびっくりされました。

童貞好きの女性は少ないのでしょうか。AKBのように処女性をウリにするアイドルは流行っても、童貞性をウリにする男性アイドルグループは流行らないのか。DTB48（童貞ばっかり48人の略）が総選挙とかジャンケン大会とかやってたら、かぶりつきで応援するかも。それで〈小林よしのりかよwww〉ってオタクに馬鹿にされるんだわ。

私も心にオタク男子を飼っているのに！　処女をアヒアヒいわせまくって征服感を味わいたい、あなたたちの気持ちがわかるのに!!

ただし私はアホは嫌いです。エロ漫画の処女は「セックスってぇ、男の人と女の人が裸で抱き合うことでしょ〜ほえ？」みたいな天然（白痴）が多いけど、私は賢い童貞じゃなきゃ萌えない。高校生クイズに出てくる「セックス以外の知識はみっしり詰まってる童貞」に萌えるのです。ゆえに「アメリカってぇ、共和党と民主党があるんだ～ほえ？」とか言われると「国際社会の一員として恥ずかしくないのか！」とガミガミ説教したくなる。

童貞好きは理解できなくても「草食好きは理解できる」という女性は多いし、「理解できないけど草食しか残ってないから好きになりたい」と訴える女性もいます。国内の調査によると、30代の未婚男性の7割以上が「自分は草食系だ」と答えている。よって結婚したい女性のため、私は『草食系男子に恋すれば』という草食攻略本を出版しました。その後も草食研究を続けていて、気づいたことがあります。それは最近、同世代の〝面白い女たち〟がめきめきモテだしていること。ひと昔前は「面白い女はモテない、男は女を笑わせたいのであり女に笑わされたくないから」と言われてきたけど、最近はその傾向に変化が。

私の女友達で〝表情ブス〟を自称する子がいます。彼女は無表情にしていると美人なのに、いざしゃべると芸人みたいに面白い顔をしてしまう。そんな彼女は中身も超面白くて、20代の頃は「モテないんです〜」と嘆いてました。コンパでも盛り上げるだけ盛り上げて、聞き上手な女子に持ってかれるタイプだった。それが去年33歳になった頃から急激にモテ始め、男子に「話しやすい」「一緒にいて楽しい」と言われ、デートの誘いが絶えなくなった。そして今年見事、結婚が決まりました。

このような、面白い女がモテる現象が続々と周りで起こり始めたのです。これは草食人口の増加が要因かもしれません。彼らは自分が盛り上げて面白い話をするより、女子に盛り上げて面白い話をしてほしい。その方が無理しなくていいから楽だし、居心地がよい。

知り合いのキャバクラの店長も「最近のNO．1キャバ嬢はトークの面白いブスなんです」と教えてくれました。美人でもツンとしていたり、いじられてムッとするようなキャバ嬢は客が離れていく。一方、どんなにいじられても平気でどんな下ネタでも受けて立つブス、自分を落として笑いをとれるブスは、どんどん客が増えるんだとか。

あるTV番組でも「ブスのNO．1キャバ嬢」が登場して、その接客風景が紹介されてました。彼女は「こんばんは、脇くさ子でーす！」とお客さんを迎え「ハッピーセックス！　ハッピーセックス！」と脇をパカパカ開け閉めしていた。自称表情ブスの女友達も、コンパで「脇を閉めてオナラの音を出しまーす！」とやってました。面白い女は脇を笑いの道具に使うのか。

近頃の草食系男子にとって「毎朝、日経新聞を読んでます」みたいなプロのホステスさんは緊張して話しにくい。素人っぽいキャバ嬢も、自分が会話をリードしなきゃいけないのでしんどい。自分が受け身でいてもオッケーで、積極的に笑わせてくれるブス。そんなブスの方が、彼らには魅力的なのかもしれません。

私もどちらかといえばトークの面白いブスなので、この傾向は大歓迎。草食系男子が増えて、住みよい国になったのう……と寿いでいます。肉食好きの女子には寒い時代かもしれませんが、周りの今まで不遇だった〝面白い女たち〟に光があたるのは喜ばしい。しかし彼女らは「草食系の考えが読めない」と訴えます。

たとえば20代の年下男子に旅行に誘われると、R35世代は「たぶん先方もやる気よね？」と考える。それで一軍パンツを穿いて無駄毛処理もバッチリで臨んだものの、相手は手を出してこず「ほんまに単なる旅行かい！」と肩すかしをくらう……これは切ないものです。と書くと男性は「それは女に魅力がなかったんだろ？」と言いますが、その後、年下男子から正式に告白して付き合うケースは多い。真の草食系は真面目で責任感が強く、瞬発力がないのです。短距離走型ではなく、長距離走型。だから付き合った後は長続きして、結婚に至るケースが多い。

私も独身時代、年下の男友達の家に泊まった時、「自分はやりたいのに相手は手を出してこない」という状況になりました。床に布団を並べて寝ているのに、こちらの陣地に攻めてこない。「みずから攻め込むべきか……？」と考えているうちに、私は眠りに落ちました。そして真夜中。彼が布団に入ってきて、股をいじられ、オーガズムに達した——その瞬間、パチッと目が覚めました。**「夢オチか！　奇面組かよ!!」**と脳内で絶叫した私。「まあ夢精できたのでよしとしよう」と自分を納得させましたよ？

草食系を落とすには「みずから笑わせ、みずから布団に攻め込む」という積極性が必要。草食は持久力のある人種なので、落とした後には末長い幸せが待っていること

でしょう……だからみんな、がんばってね！　ハッピーセックス！（パカパカ）

18　おじさんはなぜ尻を割るのか？

「日本の男はロリコンだ」という意見をよく耳にします。「ヨーロッパの男は成熟した大人の女に魅力を感じるが、日本の男は若い女しか評価しない」という意見を聞くたび、20代の私は「日本の男って未熟よね！」とプリプリ怒っていました。

しかし自分もおばさんに近づくにつれ「女も若い男が好きだよな……」と噛みしめるようになった。

同世代の女友達に若い彼氏ができると、周りは「写真見せて！」と前のめりでせがみ、「顔、ちっさ！」「ジャニーズみたいやわ〜」とうっとり。友人が「朝起きると、私だけ顔に寝ジワがついてるのよ〜」と嘆きつつ「でも彼氏の寝顔の写真撮っちゃった」と見せた時も「か、可愛い……！」と全員、息を飲みました。「この写真、転送して」「待ち受けにしていい？」と前のめり。「3日会えなかっただけで『もう限界』

とかって玄関で押し倒されて……」みたいなノロケ話に「それオカズにしていい？」と前のめり。

35歳とは、若い男に前のめってしまうお年頃。が、相手によっては若い女扱いもされる。そんな私たちは自分もおばさん寸前なのに、さらに年上のおじさんをディスってしまう。

「おじさんって、さもしいよね！　ご飯食べに行った帰りにキスとかしようとしてくるし！」

「やむなくキスに応じたら、尻とか揉んでくるよね！」

「揉むどころじゃなく、グイッと両手で尻を持ち上げて、割ってくる！」

おじさんに尻を割られる被害はあとを絶ちませんが、それ以外にも「酒を口移しで飲ませたがる」「カラオケで『壊れかけのＲａｄｉｏ』を歌いながら肩を抱いてくる」など、おじさんの悪口は止まりません。なぜ悪口が止まらないかというと、直接本人に言えないからだと思うのです。おじさんは自分より立場も上で権力もあるため「キモいんじゃ!!」と面と向かって言いにくい。

広告会社時代、50代のクライアントと飲んでいた時、両親について質問されて「絶縁してるんですよ、母はアル中で父は借金で……」と答えている最中に「それ以上、話さなくていい」と突然キスされて「ハアッ!?　おまえが聞いたんやんけ!!」と殺しそうになりました。しかし殺すわけにもいかず「まあ気にしてないんでアハハ」と答えつつ、おじさんの慰めてやった的なドヤ顔を見ながら「今ここにデスノートがあれば……」と妄想するしかなかった。

そんな鬱憤がたまっているから、女同士で集まると「おじさんディスり祭り」になってしまう。集まらなくても、おじさんからのメール〝仕事が忙しくて超ダルビッシュだよ〟などが「見てこれキモ!!」と女友達から転送されてくる。

単純に、悪口の方が面白いのもあります。「年下の彼氏の肌がツルツル」という話より「おじさんとやったら背中のシミが天の川のようだった」という話の方が笑える。「年下の彼氏に誘われてサーフィンに挑戦」という話より「おじさんに誘われて部屋に行ったら、ギター片手にビートルズを歌われて困惑」という話の方が盛り上がる。

私も独身時代、**おじさんの部屋に行ったらクリスチャン・ラッセンの絵が飾ってあ**

って「ダサ‼」とのけぞりました。その後、女友達に「ラッセンの絵が……！」と報告。年上の男性を笑うなど褒められたことではありませんが、べつに褒められたくないので、おじさんの悪口で盛り上がる私たち。が、ある女友達は50代のおじさんとセックスして「その人の寝顔を見てたら、首のあたりがしわしわのミイラみたいで、寝ながら口をもぐもぐしてて『おじいさん……！』とハッとした」

その瞬間、敬老の意識が芽生えたそう。おじさんがおじいさんまでいくと、「労わらねば」と思うのかもしれません。

一方、世の中には「年上にしか萌えない」という女性もいます。友人N子はフケ専で、ハタチの頃から40代の男性と付き合っていました。しかし彼女自身も40目前となり、それでも「年上にしか萌えない、理想は中条きよし」という好みは変わらず。そんな彼女が「年上でいい人いない？　ハゲでもデブでもオッケー」と知人に頼んだところ、50代のバツイチ男性を紹介されたそう。いざそのバツイチ氏に会った瞬間「……ヅラ……‼」と眉間からイナズマが飛び出たN子。彼女はもともとヅラニュータイプで「斜めうしろ、ヅラ！」と敏感に察知する女。「ついにヅラ登場、私もそんな年になったか……」と感慨を抱きつつ、N子はその彼と付き合うことにしました。「正直、ヅラと付き合うってどんなだろうって好奇心もあった」と言います。

そのお付き合いは、驚きとスリルに満ちたものだったそうです。相手は「バレてない」と信じているため、一緒に温泉に行っても絶対ヅラはとらない。男湯でヅラをとって入浴し、ふたたび装着して部屋に戻ってくる。が、朝はいったんとるらしい。N子が寝ていると思った彼は、さっと障子の裏に消えて――その直後、「パチパチパチパチッ」という音がして、障子にヅラを装着するシルエットが！　必殺仕事人風のシルエットを見ながら「留め金はみっつ……！」とうなずいたN子。

その彼は2種類のヅラを所有しており、やや紫がかったヅラをかぶってる日もあるらしい。昼間に屋外で会うとかなりの紫色で**「紫のヅラの人……！」**と北島マヤ風に息を飲むんだとか。

それだけバレバレなのに相手はバレてないと信じている状態が続いて半年、彼からバリ島旅行に誘われたN子。「カミングアウト旅行か？」と身構えて、空港の手荷物検査では3つの留め金が探知されるんじゃないかとハラハラ。そんなこんなでバリ島に到着、まぶしい太陽が照りつけるビーチで、彼のヅラと地肌の間からは滝のような汗が流れている。「ダム建設のために森林伐採すると洪水が起きる」と環境問題を考えつつ彼を見つめていると、「じつは俺……ヅラなんだ!!」と告白され「ええっ、そうだったの!?」と驚いてあげたN子。

その後、彼は2人きりの時はヅラを脱ぐようになったそうです。ある日、N子から〝間違いさがし〟というタイトルのメールが届き、ホテルの部屋でくつろぐN子の写メが添付されていました。「なんじゃこりゃ?」と思っていると、続いて同じアングルの写メが添付されたメールが届き……じーっと写真を見つめて、私は叫んだ。「あ、2つ目の写真は後ろの花瓶にヅラが刺さってる!」

そして付き合って3年がたったある日、ついに〝とった！　彼がとったわ！〟とハイジのような報告メールが。完全にヅラと決別した彼から「N子……キミのお陰で心のカツラも脱ぐことができた」と感謝の言葉をもらったそうです。以上、感動のヅラドキュメントでした。

「ハゲでも気にしなきゃいいのに」と言葉で言うのは簡単だけど、本人はコンプレックスを抱えているのでしょう。N子は無理やりヅラを脱がすのではなく、ありのままの彼を温かく（面白がりながら）受け入れて、本人みずから脱ぐまで待った……まさに北風と太陽。

私もたまにはおじさんに優しくしてみようか。薄毛を気にしているおじさんに「髪などただの飾りですよ」と声をかけてみようか。でもディスりたくなるおじさんって『LEON』を読んでハゲでモテる方法とか考えてるから、イラッとするんですよ。

オシャレヒゲを生やすのは勝手だが、尻は割ってくるな！　以上。

19 今まで入れたチンポの本数を覚えているのか？

セックス番長と呼ばれる女友達いわく「膣は鍛えられる」。

昔、巨根の南米人男性と1日に何度もやりまくった結果、どれだけセックスしても穴がヒリヒリしなくなったんだとか。極真空手では硬い板を殴って拳を鍛えるというけど、膣も同じように鍛えられるのか……でも私は根性ないから、極真流は無理っぽいな〜と書きながら思い出したけど、私も昔、巨根と付き合ったことがあります。

その元彼は日本人だけどタイガー・ウッズにそっくりで、下半身もウッズ級でした（見たことないけどウッズは巨根に違いない）。初めて彼のペニスを拝んだ瞬間「こ、これは無理かも……」と私はひるんだ。しかし「こ……これしきのことでよォォ！」と自分を奮い立たせ、いざ挿入したところ「ズキュウウウン!!」と下半身に痛みが。でも突っ切るしかねえッ！　と覚悟を決めた私は「コォォォッ……」と呼吸法を試みました。呼吸によって波紋エネルギーを発生させ、人体の限界を超えようとしたのです。が、あいにく私に波紋使いの素質はなかったらしく「ゴメンやっぱ無理！」とギブアップしました。それでペニスを抜いたところ……「ブラッディレッドの波紋疾走（オーバードライブ）!!」と叫びたいほど出血していました。数日間はオシッコするたびにヒリヒリしたわ。

その時、私は悟りました。「チンポは小さいより大きすぎる方が難儀」。大きすぎると穴が破れるし、痛いと気持ちいいどころじゃないし。よって「チンポは大きければ大きいほどよし」と信じている男性は迷惑です。それより迷惑なのは、アナルを攻めてくる男性。いきなりアナルに指とか突っ込まれると「何をするだァーッ‼」とボッコボコにしそうになります。

作家の岩井志麻子さんは、イスラム教徒の男性にアナルセックスを求められて「私は神道だからアナルは禁止されていて、戒律を犯すと二度と鳥居をくぐれない」と切り返したそう。宗教には宗教で返すという、見事なトンチ。でもこれは日本人同士だと通用しないので、同胞男性にアナルを求められたら「じゃあ私がまずあなたのアナルを開発してあげる！　ハイ、四つん這いになって♪」と微笑んで「えっ、嫌だよ」と言われたら「あたしだって嫌なんだよ‼」と切り返しましょう。

多くの男性はアナルを攻められることを嫌がりますが、みずから攻める男性もいます。知り合いの男性に「人肌に温めたウインナーをアナルに入れてオナニーしている」と聞いたことがあるけど、食べ物を粗末にするのはどうかと思う。

また、ネットの掲示板で「尻の穴に乾電池を入れたら抜けなくなりました」という相談を読んだことがあります。それに対して「大至急、肛門科に行ってください。電池は電位があるので、放置するとそれだけ直腸をいためます。急いでください」という親切な回答がついていました。その後、相談者は「恥をしのんで病院へ行き、抜いてもらえました。車に乗ってる時がすごく痛かったです。死ぬかと思いました」と報告していました。「ちなみに電池のサイズは?」という質問には「単3です」という回答。単3といえばかなり小さい。きっと奥まで入れて抜けなくなったんでしょうね……気の毒だけど、バカなのかな?

産婦人科医の友人いわく「私もアナルに花束を入れて抜けなくなった患者さんを診たことがある」。

あんなガサガサするものをどうやって? 百合の蕾くらいなら入るかもしれないけど、薔薇だったらズタズタになりますよね。菊門だけに、菊を入れてみたのか。そんなことしたら、仏花を先祖の墓に供えられなくなりそう。

友人に聞いたところ、膣に物を入れて抜けなくなる患者さんもいて、これまで口紅・アイスの棒・ゆで卵などを取り出したそう。「それと、タコのお刺身。知り合いのドクターは茹でダコを取り出したって言ってた」。なぜ人は膣にタコを入れたがるのか……春画の影響? でも春画って江戸時代のものだし、ネタが古すぎやしないか。

それで産婦人科に駆け込んで、ひとつ屋根の下、感動の出産シーンが繰り広げられる中、「おめでとうございます、無事に茹でダコが出てきましたよ！」なんて情けなさすぎるじゃないか……と書きながら、私にも情けない思い出が。

昔、セックス中にバイブを使ったところ、またもや股からブラッディレッドの波紋疾走してしまったのです。それで念のために婦人科に行って「膣から出血したんです」と男性医師に伝えたところ「不正出血の原因はホルモンバランスの崩れが……」と説明されたのですが、

アル「いや、セックス中に切れたと思うんです」

医師「そうですか」

アル「しかも入れたのはペニスじゃなくバイブで」

医師「……そうですか」

そこまで正直に言う必要があったのか？　その後、やはり膣内が切れていることがわかり「彼氏にあまり激しくしないよう伝えることですね」と医師に言われ、「いや、相手は彼氏じゃなくセフレで」とは返しませんでしたけど★　とにかく、何でも入れ

りゃいいってモンじゃないわけです。

「おまえは今まで食ったパンの枚数を覚えているのか？」というディオ様の名言がありますが、番長に「今まで入れたチンポの本数を覚えてる？」と尋ねると「うーん……にさんびゃく？」とざっくりした回答。それには到底及ばないものの、私も正確な本数は覚えていません。男性は「今まで何人とセックスした？」と聞きたがりますが、経験人数の多い女性は過少申告します。女友達にヒアリングすると「なんでそんなこと知りたいの〜？　と逃げるのが一番だけど、それでもしつこく聞いてきたら、答える人数を決めてる」という意見が多数。その場でテキトーに「7人」とか答えたら「前は5人って言ってたのに！　嘘つき！」と責められるので、人数を確定させとくわけですね。私は設定人数を考えるのも面倒くさいので**「イナフ（十分、必要なだけ）」**と英語で答えてごまかす。何度聞かれてもイナフしか答えないと、そのうち相手は諦めます。

という話を男友達にすると「そうか、女性は過少申告するんだな、男は多めに答える奴が多いけど」。そんなところで見栄を張るなんて、男っておばかさん！　でもバカな男とズルい女、どっちがマシなのか……きっとどっちもどっちなので、「経験人数は聞かない」、これがファイナルアンサーで。

20 マンコをマンコと呼べる国づくり

私はチンポを「アレ」とかオブラートに包んで呼ぶのが恥ずかしいというややこしい性格なので、「この人の前でチンポって言ったらマズいかな」という場面では「陰茎」と呼びます。でも「陰茎？」と聞かれて「チンポです」と返して余計気まずくなったり。どないしたらええの。それでしかたなく「ペニス」と呼ぶのですが、ペニスはよくても「ヴァギナ」とか「プッシー」と口にするのは恥ずかしい。「冬場はプッシーが乾燥してかゆくなって泣きっ面にビーだわ」とか話す、外国かぶれの女と思われそうで。

愛国心の強い政治家には、チンポをチンポ、マンコをマンコと呼べる国づくりを目指してほしい。クリトリスも日本語に訳すと陰核で、「陰核を攻める」なんてまるで中国の歴史書のよう……悔しくないの？　石原さん!!　少なくとも自分のマンコだけは母国語で呼ぼうと思い、私はマンコに「卑弥呼」と名づけました。ちなみに夫のチンポは丈夫で長持ちという願いをこめて「衣笠」と命名。

女性向けのセックス本を読んでいたら、こんなアドバイスが載ってました。「二人だけの秘密をもちましょう。たとえば、ヴァギナにキャサリンと名前をつけてみる。デートの最中『キャサリンがびしょ濡れみたい』と囁けば……二人だけの会話は、彼の体をカッと火照らせるはず」。そんなんでカッと火照る男はバカでしょう。うちの夫が「今夜の衣笠はホームランを打つ気まんまんさ」と囁いてカッと火照ったら、離婚を考えると思います。

『オズボーンズ』という歌手のオジー・オズボーンの家族に密着したリアリティ番組を観ていたら、娘のケリーが父親から「男とやるならゴムつけろよ」と注意され、

「イッツ　マイ　ヴァジャイナ、イッツ　マイ　ビジネス!!」

とキレていました。日本語字幕は「私の膣なんだからほっといてよ!!」になっていたけど、正確なニュアンスを伝えるなら「私のマンコなんだからほっといてよ!!」で

すね。マンコは放送禁止用語だから「膣」と訳したんでしょうが、日本語はエロの語彙が少ないなあ。

一方、イタリアには男性器を表す単語が１２００個もあるらしい。イタリア人はあれか、ヒマか？

男性器を表す単語は、えんどう豆・サラミ・バナナ・鳥・ムチ・ピストル・コオロギ……などさまざま。ちなみに女性器は、イチゴ・ギター・スズメ・ナメクジ……ナメクジってひどいな。男も「キミのナメクジを舐めたい」とか言いたくないだろう。我々もイタリアに行って「趣味はギターで好きな食べ物はえんどう豆とサラミです」とかうっかり言えませんね。

１２００個もなくていいけど、日本語ももう少し語彙が増えればいいのに。せがれ・イチモツ・ワレメちゃんとかあまりに時代錯誤だし、エロ漫画に出てくるような「オチンチン、ほしいの……」とか言う女はいないし。普段使いできて、時代に合った呼び方はないか？　と3秒くらい考えたけど思いつかないので、みんなもうチンポ・マンコと言っちゃいましょう、私みたいに。

先日、オフ会で読者の皆さんと会った時「本当に呼吸するように下ネタを吐くんですね！」と言われましたが、私は吐くだけじゃなく、打つ。携帯で「く」と打ったら予測変換で「クリトリス」「クンニ」と出るし、「す」と打ったら「スペルマ」と出る。友達にメールする時〝また誘ってクリトリス〟〝連絡しますスペルマ〟とか送るから。仕事のメールでもうっかり〝原稿の修正等ございましたら、ご指示クリトリス〟とか送ってしまいそうになります。実際、仕事相手にメールアドレスを聞かれて「Aはアナルのエです」とポロッと言ってしまったことも。フェラガモをフェラチオと言い間違えたり、『蜘蛛の糸』のカンダタがカンジダに見えたり……精神病？　というか職業病なんでしょうね、エロ作家の。

このように平然と下ネタを吐くクセが、珍しく役にたった出来事がありました。
馴染みのバーで飲んでいる時、となりに男女が座ってたのです。男は口説く気まんまんで、女もまんざらでもなさそう。客は私とその男女のみ。言っちゃナンだが見るからにダサい2人組で、しかも会話の中身が痛くて。男は「マルガリータの由来は……」とクソみたいなウンチクをしゃべり、女は「そんなに飲ませてどうするつもりですかぁ?」みたいな。おまけに女がトイレに行こうと席を立った際、男が「転ぶなよ~?」とからかったのに対して「わかっておりヤス!」って敬礼したんですよ!その女! ビシッて! ビシッて敬礼!

「今の見た?」とすばやく視線を交わす私とバーテンくん。その後も2人は「カラオケ行っちゃう?」「え~何歌うんですか~?」とかくだらねえ会話をしていて「どうせ『夏の日の1993』とか歌ってペッティングすんだろ」と思いつつ、私はバーテンくんとガンダムの話をしてました。彼も大のガンダム好きなので。するとその女が「ぷっ……アニメの話なんかしてる~」と笑ったんですよ! もうアルさん頭きちゃって「てめーガンダム馬鹿にすんじゃねえぞコノヤロー!」とアウトレイジばりにがなろうかと思ったけど、それも大人げない。そこで「マンコがね!!」と大声で言いました。

「マンコが冬場は乾燥してかゆくなるのよ! とくに小陰唇がね!!」

すると男女はギョッとして「で、出ようか……」と言いだした。そして男は会計する時、さっと指をバッテンにしながら「チャージで」。

「チェックや!!」と同時につっこむ私とバーテンくん（脳内で）。

これすべて実話です。バーで飲み慣れてない男女が酔って調子に乗って返り討ちにあった例。ダサいのはかまわんが、人の趣味にナンクセつけるのは許さん。これからもそんな客に遭遇したら、下ネタで撃退しようと思いヤス！（敬礼）

21 アダルトなダンボがセクシーと呼ばれる国

陰毛は「具」を包み隠す「包み」の役割を果たしています。ところが加齢とともに陰毛が痩せてコシがなくなり量も減り、なんだか心もとない感じに。そんな私に某雑誌の編集さんが「今は陰毛用ウィッグがありますよ」と教えてくれました。「ヌードグラビアの撮影の時に使うんです。最近のモデルさんはアンダーヘアを処理してるから、小陰唇が見えちゃって」。

最近のモデルさんはアイスの棒サイズに処理している人が多いらしい。陰毛の薄毛化が進む私としては「もったいない、その陰毛をくれ！」と言いたい。すると女友達が「私の陰毛をやる！」と名乗り出てくれました。彼女が言うには「加齢とともに剛毛化して面積も広がって、この前なんか太ももから陰毛が生えてててびっくりした」。「それ陰毛ちゃうやん！」と私もびっくり。陰毛って個人差があるんですね。

もちろん、女性器にも個人差があります。産婦人科医の友人に「きわめて標準的」と評された私ですが、ティーンの頃は「私のマンコは変なんじゃ？」と悩んでいました。当時は友達と小陰唇の話などしなかったため「こんなブサイクなもの出してたら、男子に嫌われるんじゃ……」と無駄に心を痛めていた。

同じように、若い男子は「こんなブサイクな皮かぶってたら、女子に嫌われるんじゃ……」と悩むらしい。でも女子は包茎なんて気にしない。男子も小陰唇なんて気にしない。小陰唇の縮小手術の話をすると、男子は皆「えーそんな手術があるの？　男は全然気にしないのに！」と驚きます。

私は年上の女の先輩方がいろいろ教えてくれたので「人それぞれなんだな、悩まなくていいんだ」と気づけた。「私の小陰唇なんてコレで飛べるんじゃってくらいデカいよ！」と語ってくれたアダルトなダンボの先輩は「ちなみに私は穴もデカい、でも巨根男には気兼ねなくセックスできると喜ばれる！」と誇らしげに胸を張っていました。

けれども産婦人科医の友人いわく「多くの女性は女友達にも話せなくて悩むのよ」。「外陰部にデキモノがある」とやってきた40代の患者さんに「それは小陰唇という臓器ですよ」と言うと「なんでこんなものが体にあるんですか！」とキレられたそうな。そんなこと医者にキレられてもねえ、キレるなら神にキレなきゃ。

男性としては、セックスした相手の女性器に蝶のタトゥーがある方が１００倍ショッキングでしょう。叶恭子さんは著書『３Ｐ《トリオリズム》』で「本来ならアンダーヘアがあるべき場所に、鮮やかなバタフライがとまっております。わたくしが動くとバタフライが羽ばたきます」と書いています。「一度ご自分で剃ってみて、シミュレーションする方がよいでしょう。女性によって細やかな地形が違います。美しい景色になるかどうかをしっかり確認する必要があります」と丁寧に説明してるけど、要するに「小陰唇の出てる人はブサイクだからやめとけ」ってことですね。

笑ったのが、蝶のタトゥーについて「『痛くないですか？』と聞かれたら『この前、足をどこかにぶつけてしまった時も痛かったですし』と答えます」という文章。まったく答えになってないし、**「恭子さんもタンスの角に足の小指ぶつけたりするんや！」**と親近感が湧きました。また自身の恋愛哲学を語った部分で「もし相手が『キミを失うくらいなら死んでやる』と言ったら『お死になさい』と言うでしょう」……お死になさいって、フリーザ？　恭子さんもドラゴンボール読んでたりして。

以前、コロンビア出身の会計士の男性に「ラテンの女性たちはブラジリアン・スタイル（パイパン）なの？」と聞くと「少なくとも、僕がセックスしたラティーナは全員そうだったよ」と言っていました。「小陰唇が丸見えでもいいの？」と聞くと「それがセクシーなんじゃないか」と言われてびっくり。その後「ヘアで隠れてるのもセクシーだけどね♪」ってことで、結局なんでもええんやんか。

ラテン男と話していると「肉食とはこういう人種を言うのだなあ」と実感します。彼らはとにかくドストレートに口説いてくる。ヤリチン嫌いな私ですが、ラテン男は

「キミとセックスがしたい」と率直に口説くので、日本のヤリチンみたく「好きだ、付き合おう」と騙すよりはよっぽど好感が持てる。彼らは「僕とすると後悔するよ。なぜなら今後これ以上のセックスには出会えないからさ。でもしないともっと後悔するよ」「忘れられない夜を約束するよ。キミは間違いなく朝までイキっぱなしさ」「ウーマン・イズ・ダイヤモンド。男が愛して磨いてあげなきゃダメなのさ」とか素面で言う。

これを日本人に言われたら「ダイヤモンドってオイ！　辻仁成か！」とつっこむけど、ラティーノの濃い顔で言われると「そういうものか」と納得します。が、私は生粋の草食好き。男に朝までイキっぱなされるより、男を朝までイキっぱなさせたい。なので「アイムオンマイピリオド、ブリーディングソーマッチ（生理中で血みどろ）」と断ります（この英文は覚えておくと便利）。すると彼らは「そっか、じゃ、しかたないね！」と笑顔で答え、その引き際のよさにも好感が持てる。

一方、セックス番長と呼ばれる女友達は「ラティーノとセックスすると日本の男とセックスできないよ～」とおっしゃる。私が「番長にコロンビア人とやるチャンスを譲りたかった」と言うと「ぜひ譲られたかった！　けど、今は無理だな〜。出産で裂けた会陰がふたたび裂けても困るし」と残念そうな表情。番長いわく、ラティーノは入れたまま3時間とかもつので、膣が丈夫じゃないと厳しいらしい。しかも「彼らは長持ちするうえ、一晩で連続5回とかできる」んだとか。

一体、彼らの体はどうなっているのか。もともと精液の貯蔵量が多いってこと？　トイレでオシッコの音を消すために水を流した後、紙が流れないことがありますよね。そんな時はトイレのタンクに水が貯まるのを待って、10まで数えて「よし！」と流したらまた流れなくて、イライラする。ラティーノは精液のタンクが日本人よりでかいのか、はたまたタンクに貯まるスピードが速いのか。

独身時代、番長は「理想のタイプはアントニオ・バンデラス。タートルネックの首元から胸毛が出ているくらいが望ましい」と語っていて「その胸毛を引っぱったらアメちゃんがついてくるの？」と聞いたものです。「ラティーノは基本ベッドでしない、駅弁のまま部屋中を練り歩いたりする」と聞いた時は「あら素敵」と思った。私は草食好きだけど、マッチョ好きでもある。子どもの頃からバッファローマンやラオウに憧れていたから。
私は初志貫徹してオタク格闘家と結婚したけど、番長は公家っぽいご夫君と結婚しました。やっぱり住むなら畳の家、みたいな感じで。ご夫君は優しくて穏やかな人だけど、性欲薄夫。番長的には現在のセックス回数では全然足りないらしく、一緒に公園を散歩していた時に石柱を指差して「最近、あの石がチンポに見えるのよね……」と呟いていました。
アル「あれはチンポじゃなく石だよ？」
番長「うん、知ってる。でもそのうち、またがりそうで怖い」
アル「またがりそうになったら電話して。『それはチンポじゃない、石だ！』と電話口で叫ぶから」
このように、女友達にはストッパーの役割もあります。私も番長に「私が若作りしすぎてヤバくなったら止めてね」と頼んでいます。のび太の父と同い年の私ですが、フェミニンなAラインのワンピースなどを好んで着るため「狂女と思われてないかな？」と不安。そんな時、女友達が「まだギリギリオッケー、狂女になったら教えるから」と言ってくれるので心強い。

ちなみにラティーノの口説きを「私もう35歳だし！　おばさんだから！」とかわそうとしたら「年齢なんて意味のない数字さ。それよりキミは一晩で何回イッたことがある？　その数字を僕が超えてみせるよ」と切り返されました。そんなラティーノをかわす時は「生理で血みどろ」を使うことをおすすめします！

22

ヤリチンほどセックスが下手、という真実

ズベ公・させ子・アバズレ・ヤリマン・ビッチ。

性的に奔放な女性を表す言葉はさまざまですが、「股がゆるいさせ子」を「ヴァギナがカジュアルなビッチ」と言い換えると、なんとなくオシャレなイメージになります。しかし私は「アタシってビッチなの」と言うとカッコつけてるみたいなので（妻をワイフと呼ぶ男のように）、「結婚を機に引退しましたが、元アバズレでした」と自己紹介しています。

元アバズレとしては「セックスのリターンとリスクの両方を理解しておくべき」と

いう意見です。リスクとして妊娠・性感染症・心身が傷つくなどの可能性が挙げられますが「物をなくす」のもリスクの1つ。周りの元アバズレたちも「ラブホでどうしてもパンツが見つからず、スースーしながらノーパンで帰った」「相手の家にお気に入りのベルトを忘れて、連絡するのもイヤで泣く泣く諦めた」と証言します。

私の場合は、ダイヤのピアス事件。初対面の男性とさせていただく前、ラブホでピアスを外したんです。それをティッシュにくるんで枕元に置き、いざことに及んだ翌朝。目覚めると、枕もとには大量のティッシュが。そのティッシュの山から1つずつ手にとって、臭いを嗅いでアタリを探しました。「くさっ!」「くさっ!」と言いながら。あれは心底情けなかったし、なぜか片方のピアスがどうしても見つからなかった。ラブホではポルターガイスト現象が起こるのか？　あの時、私は失敗から教訓を得ました。

〝ピアスはティッシュでくるまない〟

ピアスは失くしたものの、私はひどい目に遭ったことはないんです。暴言を吐かれたり乱暴なプレイをされたことはなく、わりと皆さん丁寧に扱ってくださった。これは「男の好み」によるところが大きいと思います。私はヤリチン度の高い人種、オラオラ系・俺様・チャラ男・DQNといった人々が大嫌い。「俺様系に『いいから俺の言うこと聞けよ』的な態度をとられるとクラッとくる」という女子は多いけど、私はイラッときて「ワシがキサマの言うこと聞かなあかん理由をA4 10枚に書いてプリントアウトして提出せえやコラ!!」とがなりたくなる。チャラ男にナンパされると「なんやコラ? やるんかオラ!」と戦闘モードに入ってしまう。

基本シャイで奥手なオタクや草食系が好みなので、おだやかなアバズレ街道を歩めたのでしょう。とはいえうっかり俺様系とやってしまい、ベッドに寝っ転がって「舐めて」とか偉そうに言われ、ムカムカしつつも渋々舐めて「つまらぬものを斬ってしまった……」と後悔することもありました。オタクや草食系は「えっ、タダでフェラなんかしてもらっちゃっていいんですか!?」という態度なので、しゃぶる方も気合いが入る。

そんな過去のアバズレ経験から〝ヤリチンほどセックスが下手〟と書くのです。これはヤリチンをディスりたいわけじゃなく、真実。ヤリチンは「俺のやり方が正しい」と錯覚しているため、「俺の好きにやらせろよ」的なセックスをしがち。また「やれりゃいい」と思っているので、前戯もおざなり。

一方、奥手な男性はへたに自信がないため、相手の意見に耳を傾けるし、「どうやったら気持ちよくなってくれるんだろう？」と真摯に考える。よってこちらが正しいやり方さえ教えれば、満足度の高いセックスができるのです。そして本当にセックスが上手いのは、1人の女性と長く付き合い、じっくりセックスを学んだ男性。一夜限りのセックスを繰り返している男性は、何も学んでいないのです。相手の女性も一夜限りなら「テキトーに演技して喜ばしとくか」と思うものだし。

私が働いていた広告業界は、ヤリチンの巣窟でした。ある日、飲み会で100人斬りのヤリチンの同期に「Gスポットの位置は知ってる？」と質問すると「……膣の中だろ」と曖昧な回答。「膣の中のどこさ!?」と詰め寄ると、彼はしどろもどろになって「いや女性は全身が性感帯だから……」と馬鹿げたことを抜かしやがる。そこで店中に響く大声で「この男、Gスポットの位置知りませんよー!!」と叫んでやったら

「おいオマエやめろよ!」と本気で焦ってました。

しかもその同期はイケメンだったのが、輪をかけてよくない。イケメンは息してるだけでモテるため、企業努力を怠る。セックスが上手いといったウリを作って、競合優位性を高めようとしない。それでいうと、木●佳苗は自分がブスだと自覚してたんでしょうね。だから料理自慢や膣自慢といったウリを作って「競合優位性のあるブ魔女」として異性にアピールした。

そういや私もデブでモテなかった大学時代、ネタ帳とか作ってたわ。面白トークで男子にアピールしようと目論んだものの、「テンションが高すぎて痛い」「デブのうえにわーわーしゃべって暑苦しい」とますますモテない結果に。そんな不遇な青春を送ったからこそ、リア充まるだしのヤリチンを敵認定するんだなあ……とBA(ビフォーアバズレ)時代を振り返るのでした!

23

コスプレ上等、ハメ撮り禁止!

若い頃、街で風俗のスカウトにあうとムッとしました。茶髪のチャラい男が嫌いなため「なれなれしい！　ケンカ売っとんのか！」と。しかし35歳になり、たまーに風俗のスカウトにあうと「まだ商品価値があるとご判断くださり、ありがとうございます」と頭を下げそうになります。また若い頃、「巨乳はバカだ」という意見を聞くたびムッとしましたが、現在は乳も垂れてしぼみ、単なるバカになりました。

そんな私は「ニュートンは落下するリンゴを見なくても、自分の体を見りゃ引力に気づいたんじゃないか？」と思います。現在の私は高性能のブラジャーでガッチリ寄せて上げて、巨乳を演じています。だって乳がなけりゃ単なるデブだし。昔は裸になっても乳にハリがあったため、男から「乳でチンポを挟んでくれ」「乳で体を洗ってくれ」と乳を使ったサービスを求められました。亀仙人も仙人と呼ばれる高齢にもかかわらず「ギャルのぱふぱふ」とか言ってるし、乳が好きな男は多いもの。

仲良しの編集さん（30代男性）が「僕、ほんとにモテないんですよ……」と嘆きつつ「巨乳の彼女がほしいんですけどね、僕おっぱいが大好きなんで、きっと母親のおっぱいをくわえていた頃に戻りたいんでしょうね」とさらにモテない発言を連発するので、胸が痛みました。私も元彼に胸に顔をうずめながら「ママって呼んでいい？」

と聞かれ「いいわけないだろう」と答えたことがありますが、男には幼児期に戻りたい願望があるのか。漫画家の西原理恵子さんが「男ってのはいくつになっても子どもだからさ」的なことをよく書いていて「菩薩のようだわ〜」と感動するのですが、私は菩薩にはなれない。

広告会社時代、クライアントの接待でクラブに行き、おっさん社長がホステスさんの乳に触って「メッ！」と頭をコツンとされ「エヘエヘアハハ」と喜んでいるのを見ても「バカか」としか思えなかった。私には母性というものが欠落しているのか……まあそうなんでしょうが、「面倒くさがりや」という要素も大きい気がする。

大学時代、彼氏に「バレンタインに手作りチョコがほしい」とリクエストされた時も、市販のチョコレートをラッピングして「ハイ、手作り」と渡しました。だって固形のチョコを湯せんで溶かしてまた型に入れて固める意味がわからないし。

そんな私ですが、彼氏に「コスプレしてほしい」とリクエストされたら「よしきた！」と快諾します。だってコスプレ好きだから★　私は母性の持ち合わせはないものの、コスプレ衣裳はいっぱい持ってます。個人的にはガンダムの制服で「大佐、いけません……！」的なプレイが好きだけど、男はメイドやエロナースを好む。それとやっぱ、彼らはエロい下着が大好き。

私が所有するエロ下着はTバックや紐パンといったソフト系から、穴開きやパール付きといったハード系までさまざま。パール付きパンツにいたっては、紐&パールのみで構成されており「これパンツちゃうやんか」という作り。で、男は必ず「そのパンツを穿いて待ち合わせ場所まで来てほしい」と望みます。パール付きパンツを穿いて歩くうちに気持ちよくなって悶々する……といった夢を抱くわけですが、実際は歩きにくいだけ。「ゴロゴロして歩きにくいわ〜いてっ、小陰唇挟んだ」と不機嫌なしかめっ面で街を歩く。しかし慣れとはすごいもので、歩いているうちに違和感がなくなってくる。股に食いこむ人工パールが自分の体内で生成した天然パールに思えてきて、「私は貝になったのか？」と錯覚するほど。

そして待ち合わせ場所に着く頃にはパンツのことなどすっかり忘れ、男に「どうだった⁉」と聞かれて「へ？……ああ、そーいや穿いてたっけ」と答えてガッカリされる有様です。

コスプレ上等な私ですが、ハメ撮りは断固拒否してきました。知り合いも元彼がストーカー化して「あの写真をバラまいてもいいのか⁉」と脅されて大変でした。ネットでも〝彼氏が消去すると約束したからハメ撮りしたけど、特殊なソフトを使用してデータを復元していた〟といった悩みを見かけます。ある女友達はハメ撮りを拒否したところ、相手が隠し撮りしようとしているのに気づき、グーで殴ったそう。私ならグーで殴ってパーで平手打ちしてチョキで目を突いてしまうわ。

海外のゴシップ誌を読むと、セレブのハメ撮り画像がしょっちゅう流出しています。有名なところではパリス・ヒルトンやキム・カーダシアンやパメラ・アンダーソンなど。『ゴシップガール』に出演している若手女優も流出してしまい、名実ともにゴシップガールに。海外ドラマを観ていると「ハメ撮りってメジャーな習慣なのかな？」と感じます。『カシミアマフィア』というドラマでも、ルーシー・リュー演じる主人公が元彼の部屋に自分たちのセックスビデオを盗みにいく場面がありました。そもそもハメ撮りなんかして楽しいのか？　と疑問な私。リスク管理の意味でも拒否してきたけど、私は「自分のセックスシーンなんかみっともなくて見てられるか！」という思いが強い。

私は自分の外見に自信がありません。だから写真撮る時にアヒル口とか絶対しない。あれは美人以外がしてはダメなやつ。ちなみに私がアヒル口をすると桂きん枝に似る。顔以上に体には自信がないため、セックスビデオなど絶対撮ろうと思わない。もし私がパメラ・アンダーソンのようなボディであったなら「撮ってみよ♪」と思ったでしょう。美しい人はセックス中も美しいけど、美しくない私はますます美しくなくなる。松葉くずしの最中なんて腹の肉がえらいことになり「贅肉ゥ〜贅肉ゥ〜」とうめきたくなる。

『SATC』のシャーロット役の女優さんもフェラ画像が流出しましたが、その画像はとっても美しかった。一方、私だとそうはいかない。まず髪の量が多いので、ストレートロングの髪が顔にかぶさり、その隙間から舌が伸びてる絵は「からっかさ」。

それにイク瞬間の顔とか、クシャミが出る寸前の顔みたいじゃないですか。女がイク時に手で顔を隠すと、男は「恥ずかしがんなよ」とか言うけど、あれは恥ずかしがってるんじゃなく、ブスなんだと思う。でもブスの自覚ゆえに脅迫の材料になるようなネタを残さずに済むので、よかったのかもしれません。わーい、美人じゃなくてラッキー!!（と打ちながらパソコンの前で慟哭するブス）

24 アンアンに騙されるな!……お掃除フェラなんかしてねえし

セックス後、汁のついた股をどうするか問題。

私は「男性が拭いてくれるものだ」という認識でしたが、周りの女性陣に聞くと「拭かれるのって恥ずかしくてイヤじゃない？」という意見も多い。「ハズカシイ……？」とロボットのように理解できない私。私は羞恥心を霧積の渓谷に落としてしまったのか。ちなみに女医の友人は「私もイヤ、下手に後ろから前に拭かれると膀胱炎になるし」とドクターらしい意見。

ヒアリングの結果、約半数の女性は「拭くんじゃなくティッシュを渡してほしい」と回答していました……と周りの男性陣に教えると「えっ、女性は拭いてほしいんじゃないの!?」「よかれと思って拭いてきたのに、間違いだったの!?」と大慌て。大慌てする彼らは、心根のいい人たちなのだと思います。彼女の股を拭いて綺麗にしてあげなきゃ、という心がけは素晴らしい。というか「女の股なんか知ったことか」なんて男性の方が少数派でしょう。ましてや「お掃除フェラしてくれ」なんて男、出会ったことない。

お掃除フェラとは、射精したペニスを女性が舐めて綺麗にしてあげる行為。『アンアンのセックスできれいになれた?』という本で、著者の北原みのりさんはアンアンのセックス特集でお掃除フェラが提唱されていたことに「すぐには立ち直れない強いショック」を受けたと書いています。「激しすぎる媚び、考えられない保守路線」と書いているけど、私は「アンアンの言うことを鵜呑みにしすぎなのでは」と思った。

私も何度かセックス特集の取材を受けておいてナンですが、あれはネタ的に読んでる人が多い。少なくとも私の知る限りで「そうか、お掃除フェラは男心をつかむ必須テクなんだな、よし!」と真剣に読んでいる人などいない。サイゾーウーマンに「風俗嬢養成講座」とつっこまれてるけど、みんなそっち系の読み方です。

「彼氏とのデートに、コートの下は下着だけで出かけてみて」という文章に「痴女じゃねーか!」とつっこみ、「彼はそんな大胆なあなたに興奮し、ベッドではおびただしく射精するでしょう」という文章に「おびただしくってなんだよ!」とつっこみ、「キッチンでのセックスもオススメ、ただしくれぐれも包丁には気をつけて」という文章に「アンアン意外と親切だな!」とつっこむ。そんな風に、ネタにして笑うために読んでいる層が大半じゃないかしら?

一方、北原さんはAERAなどの雑誌でも「お掃除フェラを要求するような甘えた男が増えている」という趣旨の発言をされています。増えているって、本当なの?

私も経験人数は多い方ですが、お掃除フェラを要求してくる男は1人もいなかった。愛液と精液にまみれたチンポを舐めて後始末するなどまっぴらだし、なんのためにこの世界にティッシュがあるのか。男もお掃除クンニなんて要求されたら嫌だろう。

しかし私の個人的経験だけだと根拠に欠けるし、男友達にも「キミには怖くて要求できないと思うよ」と言われました。そこで周りの男女にヒアリングして、かつＦａ ｃｅｂｏｏｋページでもアンケートをとってみました。その結果、男性30人中〝お掃除フェラを要求したことがある〟と答えた男性は1人。女性50人中〝お掃除フェラを要求されたことがある〟と答えた女性は6人。男性みずから「ハーイ要求しました！」とは回答しづらいことから、男性の数字は世間一般より低いと予想されます。よって女性の数字の方が現実に近いでしょうが、それでもお掃除フェラを要求する男性は少数派だと言えるでしょう。

女性で一番多かったのは「お掃除フェラ？　何ですかそれ？」という反応。男性は「べつにしてほしいとも思わないし、風俗みたいでちょっと引く」「射精後の賢者タイムに舐められても『もうそっとしといて』って感じかも」という意見がほとんど。またお掃除フェラを求められた女性によると、男性が「甘えている」というより「勘違いしている」のが理由のよう。ＡＶや風俗の影響で「通常おこなうプレイだ」と思いこんでいるらしい。

とにかく日本の男性の多くがお掃除フェラを求めているわけじゃないし、女性の多くが彼氏に媚びてお掃除フェラをしているわけじゃないし、アンアンの影響でお掃除フェラ人口が増えて女性全体の利益を損なったりもしていないのが現実でしょう。根拠なく思いこみで男性全般をディスるのは誤解を生むし、私も「○○な女が増えている」と一括りに語られたくない。男を見ると無差別にウンコを投げるゴリラのようじゃなく、ウンコは狙って投げるべきだと思うのです。じゃないと、男女の溝をむやみに広げるだけではないでしょうか。

「おまえが言うな！」と言われそうですが、私のセックスコラムは女同士の内輪ネタ。「こんな男がいてさー！」「マジで？」と楽しむのが目的だし、「こんなおかしな男がいた」とは書くけど「男はみんなおかしい」とは書きません。

私は女性がセックスを楽しくオープンに語れる世の中になればいいと思っています。はしたないもの・神聖なものだとタブー視せず、「ふざけて茶化してもいいんだ」と思ってほしい。セックスを暗くジメジメしたものではなく、明るくカラッとしたものだと考えてほしい。実際、コラムの読者から「性の悩みを話せるようになった」「彼氏とのセックスに前向きになれた」といった感想を頂きます。「日本の甘えた男とセックスしても良いことなんか何もない」みたいな気持ちにさせるのは、罪だと思うのですよ。とエロ作家、珍しく真面目に語ってみた。

私も無駄にセックスしてきたので、「余った皮で印鑑ケースが作れるほどの包茎なのに、シャワーも浴びずに舐めさせようする男」とかも中にはいました。でもそれはごくごく一部。周りの包茎諸君は「洗わないなんてありえない、セックスの前は歯ブラシでゴシゴシ磨きたいくらいだ！」と言います。包茎手術を受けた男友達もいて「手術後はあまりの痛さに歩くのもままならなかった……」と涙目で回想します。「清潔にしていれば何の問題もなし」とお医者さんも言っているし、女は包茎なんて気にしないんだから「ワンランク上の男」といった宣伝に惑わされないでほしいもの。皮で男のランクは決まらない。「チンポが臭かったら悪いな」と気づかいできるかどうかで、男の価値は決まるのです。

『日本人だけがしらない日本人のうわさ』という本によると、欧米には「日本人男性のペニスは極端に小さく、基本的に小指ほどの長さと太さしかない。また非常に臭く、魚が腐ったような臭いがする」という噂があるそうな。あんまりじゃないか。同胞男子が海外でそんな風にディスられているなんて、私は悲しい。ここはブラマヨ吉田が

「能ある鷹は加藤鷹」と賞賛する、AV男優の加藤鷹氏に海外進出してもらうしかない。サムライペニスとして海外のポルノ界で活躍してくれれば、日本人男性の評価も上がるかもしれません。ダルビッシュ有に続け、ゴールドフィンガー鷹！

ちなみにイギリスには「日本人女性の性器は横に割れている」という都市伝説があり、「横割れ性器の生み出す快楽は格別で、みんなトリコになってしまう」と噂されているそうな。横割れだったらTバックを穿いた時、毛じゃなく割れ目がはみ出すじゃないの。アンアンの〝お掃除フェラは男心をつかむ必須テク〟もこれと似たような都市伝説なので、皆さん真に受けないようにしましょうね！

25 男はカレーとガンダムと元カノが好き、女は……？

私は中高一貫の女子校出身で、たまに同級生と集まります。すると「今こんな仕事してて」「子供が小学校に入って」「婚活がんばってて」といった話に花が咲く。一方、男友達が同級生と集まると9割が思い出で「おまえあの時こうだったよなー！」「コイツがこんなことしてさー！」といった話に花が咲くらしい。彼いわく「しかも集まるたびにいつも同じ話をして、いつも同じところで笑う」んだとか。そんなに現在に楽しいことがないの？　と気の毒になりますが、おそらく「女は現実を生きて、男は思い出を生きる」ということなのでしょう。男性は過去を美化する傾向が強く、ゆえに〈マドンナ効果〉があると言います。昔憧れだったマドンナは、そのマドンナが浅倉南から魔人ブウくらいの変身を遂げていても、ずっとマドンナであり続ける。

一方、女は同窓会で昔憧れだったサッカー部のキャプテンが、薄毛で肥満の冴えないおじさんに変身していると、その場でランキングを圏外まで下げる。放課後、ドリブルする彼を見つめていた思い出など1秒で忘れて。そして昔は地味で目立たなかった囲碁部の彼が、洗練されて知的な大人の男に変身していると、ランキングは急上昇。このように、女は現在を基準に評価します。

魔人ブウをマドンナと崇める男性は、彼女の中に「思い出の彼女」を見るのでしょう。シャアも「ララァは私の母になってくれるかもしれなかった女性だった」といつまでもいつまでも言うてました。ララァにしろ『北斗の拳』のユリアにしろ、出会った頃の少女の姿が何度も再現シーンで出てくるけど「マザコンかロリコンかハッキリせえや」と言いたくなる。

「男は恋愛をファイルごとに保存して、女は上書き保存する」とよく言われますが、男は元カノをファイルごとに分けて、しかも一番いい状態で保存する。よって「元カノはいつまでも俺を好き」と錯覚してしまう男が多い。元カノたちにメルマガ的な近況メールを一斉送信する男がいますが、受信した方は「てめえの近況なんか知るかよ」としか思わない。とっくにファイルは上書き保存されているのに、気づかないんですね。

私も元彼から「ひさびさに会おうよ」と連絡がきて、むげに断っても悪いと思い、カフェでお茶したことがあります。こちらは人道的立場で会っているだけで、とくに話したい話題もない。それで退屈して爪とかいじってると「……どうした？（笑）」と聞かれて「もじもじしとんとちゃうわボケ!!」とシャウトしたくなる。でも人道的立場でシャウトせずに黙っていると、思い出語りが始まる。元彼が「あの時はこうこうこうでさ……」と思い出を語りながら「……だったよな？」といきなり話をふられて「え、ゴメンなんて？」と聞き返すと、「ほんと相変わらずだな」とくすくす笑われて「おまえってマイペースでイマイチ何考えてるか分からなくて……」とさらに思い出語りは続く。

その時に私が考えてるのは「おまえって言うなバカ」とか「あ、鼻毛が出てる」とか「昔は鼻毛が出てても許せたけど、今はただキモいなあ」とか「こいつのチンポ舐めとったんか、オエー」とか、そんなこと。それで1時間くらいして「ごめん、彼氏と会うからもう行かないと」と言うと「えっ、彼氏いるの⁉」とびっくりされて、こちらがびっくり。何年も前の古ぼけたファイルを開いて「俺のこと好きな女リスト」に残しておく、そのおめでたさは何なんだ？

昨今、フェイスブックで元彼とつながるケースも多いもの。私が「あの頃は彼氏と別れて不安定だったからね～」とか書いていると、大学時代の元彼が「そうだったのか……」とコメントしてきて「おまえとちゃうわボケ‼」と画面に向かってシャウトしました。そもそも友達申請とか送るのって、どうでもいい存在だから「ひさしぶり～元気？」と気軽に送るんですよ。ちょっとでも気持ちが残っていたら「わざわざ名前で検索して探したと思われたくない」と乙女心が発動してしまい、申請なんてできない。それを「申請がきた＝俺に興味がある」と誤解して「あの頃はお互い若くて傷つけあったよな、でも俺はずっとおまえの幸せを願っていて……」的なメッセージを送ると「なんじゃこりゃ！　キモ!!」と叫ばれるだけじゃなく、女友達に「元彼からこんなキモいメッセージがきた！」と報告されて「めっさ自分に酔ってるやん、キモ!!」とネタにされると覚えておきましょう、世の男性たちよ。

女は薄情と言われますが、情の分量の問題じゃなく、女はリアリストなのでしょう。男は40歳になった時に「自分が40になるとは……」とショックを受けたりするけど、女は20歳の時から自分が40歳になった時のことをリアルに考えている。

漫画家でコラムニストの峰なゆかさんが「男ってのは本当に『ガンダム』と『カレー』と『元カノ』が大好きです」と書いていて「そのとおり！」と笑ってしまいました。では女は？　と考えると「女はアボカドとアルパカと元彼の暴露が好き」と言えるかもしれません。

男は「昔、吉高由里子にそっくりな彼女と付き合ってた」と過去の栄光を語りたがるけど、基本、女は元彼を褒めない。むしろ「歴代1位の早漏だった」「チンポが猛烈に臭かった」と暴露したがる。その元彼が自分も知っている相手だと「えっ、猛烈ってどんな臭さ？」と盛り上がるのですが、もっとも盛り上がるのは姉妹同士の暴露トーク。

私の働いていた広告会社は社内セックスがさかんで、兄弟姉妹が多かった。姉妹関係の女の同僚と、

「あの人、すごく下手じゃなかった？」

「下手だった～ひとりよがりで最悪だった！」

「乳首つねってって頼まれなかった？」

「頼まれた！　仕事では男っぷりをアピールしてるのに、セックスはMで驚いた」

「私なんてスパンキングを要求されてさ～」

と情報共有したのは、奴隷みたいな会社員生活の中で、唯一の楽しい思い出でした。

女は過去を美化せず、現実を生きる性。それは地に足をつけて、日々の生活を営むということ。そんな女がいればこそ、人類は子を産み育て、種が存続してきた……とか一切思ってないけど、男の真似して書いてみた。人類とかでっかい話にしたがるの

も男の特徴ですよね、ほんとドリーマーなんだから★

26 開発不可能な土地に挑む男たち

男友達から「シックスナインの魅力は、女の子が感じすぎて『もうダメ、舐められない〜』ってなるところ」といった意見を聞くたび「舐めたいのに気持ちよすぎて舐められないって演技まで求められるなんて、ほんと面倒くせえな」と返して、夢風船をパーンと割る私です。

昔、セックス中に男性から「歌を歌ってくれ」とリクエストされたことがあります。「私が快感のあまり歌えなくなる姿を見たいんだな」と思いつつ、拒否しました。だって歌えるし。THE 虎舞竜の『ロード第13章』まで歌える。

ある女友達は新規の男性とまぐわった時、足の先から全身くまなくベロベロ舐められたそう。友人は「うう、キモい……おまけに体が濡れて冷えてきた」と思いつつ、じっと耐えたそうな。すると相手に「声、我慢しなくていいよ？」と囁かれ「キモさと寒さを我慢しとるんじゃ!!」と叫びたかったと言います。

男性の中にはヘソの周りや脇の下やヒザの裏などを熱心に舐めてくる人もいて「どうリアクションせえちゅうねん」と困惑します。これはまだくすぐったいだけですむけど、眼球を舐められるとバイキンが入って結膜炎になる。実際、結膜炎になった女性を2人知っているので、ゆゆしき問題ですね。「彼氏にべろべろ鼻を舐められた」と語る女友達もいました。昔、ダウンタウンの番組で「鼻を舐められる罰ゲーム」があったけど、みんなダウンタウンを観て大人になったんじゃないのか？

男性には「まだ誰も探し当てていない性感帯を開発したい」という、プロジェクトX的な憧れがあるのでしょう。悲願の関越トンネル開通的な。でもほんと迷惑だからやめてください。そんなに開発したいなら、ご自身のアナルを開発してはどうか。耳の穴をトンネルを掘る勢いで舐められて「中耳炎になるかも」とハラハラしている時に「あれ？……まだ開発されてないのかな」とか言われると、耳ダレが止まらなくなります。

足の指をひたすら舐められるのも困ったもの。くすぐったいのもあるけど、それ以上に女の足は汚い。少なくとも私の足は汚い。皮はむけているしウオノメもあるし角質でカッチカチだし……そんなハードタイプの足裏をもつ女としては、舐められても正直何されているかよくわからない。それで「ちゃんと角質ケアしなきゃな、台湾に足裏エステしに行こっかな、そしたら友達の誰ちゃん誘おうかな、あそこの小籠包食べたいな」とか考えていると、自分がセックスしていることすら忘れてしまう。そういう意味では忘我の境地。そこで「歌を歌ってくれ」とリクエストされたら、ジャッキー・チェンのプロジェクトAのテーマを歌ってしまうでしょう（この曲をアカペラで歌えるのが私の自慢）。

男性の開拓精神でもっとも迷惑なのが「いろんな体位を試したい」というもの。男性週刊誌には「女をイカせる39の体位」的な記事がありますが、女はいろんな体位を試したいなんて思ってない。私もキン肉マン好きだから、48の殺人技的なものに憧れるのはわかるけど。が、股関節の可動域を超えるような体位を試されるのは困る。ただでさえ、年をとると可動域が狭くなるし。

先日、テレビのなつメロ特集で吉川晃司の『モニカ』が流れていました。昭和世代の私は「モウニカゥアゥ！」と叫んで足を上げたところ、股関節がピキッとなってその場にうずくまった。そして「もう松葉くずしもできない体なんだわ……」とじっと股を見つめました。昭和世代に無理な体位を試すと本当に殺人技になりかねないので、男性は注意してください。

通常のセックスではめったにできない「中出し」に憧れる男性も多い。私もジョジョ好きなので**「そこに痺れる憧れるゥ！」**的な心理はわかるけれども。エロ漫画を読んでいると、主人公が「でッ……出るッ！　中に！　中に出す！」と「クワトロ・バジーナ、百式、出る！」ばりに射精する場面があって「出すな！」とゲンコツを振りかぶりました。「お願い、膣内《なか》に射精《だ》してえ……！」と女性が懇願する場面も多く、避妊を怠る男を増やすじゃないか！　と憤りを感じます。周りの男性陣は「最近のゴムは薄いしナマでやるのと変わらない、単に気分の問題だ」と言います。気分の問題でリスクを冒すなんて、無駄無駄無駄無駄ッ！

とか偉そうに書きつつ、私も昔はよくゴムつけずにやっていました……馬鹿馬鹿馬鹿ッ！　私の場合「相手に自分の膣のすばらしさを味わわせて感服させたい」という見栄が大きかった。「なに膣自慢？　木●佳苗？」と反感を持たれるかもしれませんが、これは本来持っている機能が高いわけではなく、ケーゲル体操のたまもの。ケーゲル体操とは肛門にキュッと力を入れて、膣の締まりをよくする体操。

　私は四六時中この体操をやっていて、待ち合わせに友達が「遅れてごめーん」と走ってきた時も「大丈夫、マンコ締めてたから！」と答え、通行人にギョッとされたことも。以前は「オシッコを3回に分けて出す」という方法も試していましたが、産婦人科医の友人に「膀胱炎になるからやっちゃダメ」と言われてやめました。今は1回でシャッと出します。

　私のオシッコの出し方なんかどうでもいいんだ。重要なのは、ケーゲル体操で膣を鍛えると、女性もオーガズムを得やすくなる点。やはり快感を高めるには自己開発に限る。皆さんも手持ちぶさたな時はマンコを鍛えて、キュッキュと開発に励みましょう！

27

STOP！　ヤリヤリ詐欺

女友達に「いいな、アルはブサ専で」とよく言われます。ブサイクだから好きになるわけじゃないけど、私がイケメンに興味がないのは事実。昔からイケメン好きの女性と話すたび「顔がいいからって戦闘に勝てるわけじゃないのに、なんでだろう?」と不思議でした。娘をイケメン好きに育てたくないお母さんは、幼少期に『北斗の拳』や『キン肉マン』を与えるとよいでしょう。戦闘力が高い＝カッコいいと刷り込まれるから。私はインテリも好きですが、それは『MASTERキートン』の影響。知力によって砂漠から生還できそうな男に萌えるのです。

漫画の影響以外では、「弟がイケメン」も理由でしょう。子どもの頃からイケメンと暮らしてきたため、イケメンにレア感がないし、ファンタジーを描けない。弟はすらりと長身のイケメンで、大学時代はモデルをしていました。私と彼は全然似ておらず、弟の友達が家に遊びにきて「おまえの姉ちゃんブスだな！　ガッカリ！」と言うのを聞き、枕を濡らした15の夜。ほんと弟が妹じゃなくてよかった……同性だったらシャレにならんわ。

〝きょうだい〟は萌えからもっとも遠い存在だと思います。妹のいるオタクの友人達は「僕はあの妹のお陰で、いもうと萌えだけはないんです」と語りますが、『おにいちゃんCD』とか買うのは妹のいない人なのでしょう。『おにいちゃんCD』とは、1200通りの「おにいちゃん」というセリフが収録されたCD。プーッと怒りながらの「お兄ちゃん！」や、切ない涙声での「おにい……ちゃん……」など。私に息子がいて『おにいちゃんCD』を聞いていたら、戸塚ヨットスクールに入れたくなるかも。実在の妹は「あんたの部屋、くっせ‼」くらいしか言わないので、いもうと萌えは現実を知らないがゆえに抱けるファンタジー。

私の弟も思春期は臭かったし、ダサかった。英語＝オシャレという感覚で、英字新聞の柄のシャツとか着ていた。そのシャツを着て必死でニキビにクレアラシルを塗ったり、ムースで髪をセットしている姿を見てしまうと、イケメンに憧れなど抱けない。という話を女友達にすると「あんたはイケメンに興味がない以前に、イケメンを認識できない」と言われます。

たしかに私は「中村獅童ってイケメンじゃないの？」と女友達に聞いて「全然イケ

メンじゃないよ！」とびっくりされます。
「じゃあ浅野忠信は？」と聞くと「あれもイケメンじゃない、雰囲気だけ」と返ってきて「要するにイケメン＝目がパッチリしてるってこと？」と思ったけど、目がパッチリしてない及川光博や東山紀之はイケメンの部類……なのか？（自信がない）私も谷隼人と川谷拓三であれば「谷隼人がイケメン」と認識できるけど、最近は芸能人も一般人も雰囲気イケメンが多いため、誰が本物のイケメンかわからない。ちなみに私は福山雅治の笑顔を見ると「小さい口の中に歯がぎっしり詰まっていて気持ち悪い」と感じてしまう。怒らないでね、ファンの人。

そんなイケメンセンサーが壊れている私は、女性誌の〝街のイケメン紹介記事〟を読んで、ぽんっとヒザを打ちました。その記事で紹介されていたイケメンは〝あなたの口説きテクは？〟という質問に〝「俺のこと好きなの？」とドSっぽく聞く〟と答えていた。そう、私はイケメンの顔じゃなく、この自信満々で高飛車な態度が嫌い。男は「美人はワガママで高飛車でも許せる」と言うけど、顔に価値をおいてない私は「顔がいいからって何偉そうにしとんじゃ」と思ってしまう。

先日、バーで「たぶん世間的にはイケメンなんだろう」という男子に話しかけられました。会話しながら「気強そうだよねー」と偉そうに言われて、イライラ。「貴様がイケメンだから私が意識して強気に振る舞ってるみたいな勘違いすんなよコラ」と思いつつ「……いやこれが素なんで」と低い声で答えると、「はいはい♪」と頭を撫でられて「それで女がみんな喜ぶと思ったら大間違いだ！」と声に出して言いました（酔ってたこともあって）。しかしイケメンは女に嫌われる経験がないせいか、余裕の笑顔で「ほら、おつまみでも食べて」とビーフジャーキーをつまんで口に入れてきた。「ムツゴロウになだめられる野生動物みたいになっとるやないかー!!」とさらにムカムカ。「また飲もうよ」と言われて「結構です」と店を出たけど、自分が〝イケメン慣れしてないために狼狽してツンケンした態度をとるブス〟もしくは〝媚びない態度をとって私は他の女とは違うのよアピールを目論むブス〟みたいで、負けた気がしましたよ？

こんな私なので、広告会社にいた頃はイライラしっぱなしでした。あの業界は「エリートの俺はモテる」と調子に乗った男が多い。社員証をブラブラさせながら「今日、読モと合コンなんだよねー」とか言っている彼らを私はひたむきに軽蔑してきた。関西でイキり（＝カッコつけ）は「おまえイキってんちゃうぞ！」と馬鹿にされるのですが、彼らには自分がイキっているという自覚がなく**〈ＬＡでのタフな出張を終え、ようやく帰国……ふう〉**みたいな文章をフェイスブックで垂れ流す。

でも、そんなきゃつらにコロッと引っかかる女性も多いのです。きゃつらは「今は彼女作る気ない」とか言いつつ、携帯に大奥フォルダ（複数のセフレが登録されたフォルダ）を隠し持ち、「今日はどの子とやろっかな」と将軍気分を味わっている。私がくノ一だったら、忍法筒涸《か》らしで成敗してくれるのに……（死ぬまで射精し続けて体内の水分が消失する技）。

人間ムカつくものは見てしまうので、またもや〝街のイケメン紹介記事〟を開いてみました。今月号のイケメンは〝セフレになっちゃう子は？〟という質問に〝飲み会でトイレ行った時についてきちゃう子〟と答えていて、衝撃を受けた。私、その行動してる……!!

というのも私はオシッコが近いので、飲み会で男子がトイレに立つと「私もこのタイミングで尿を出そう」と席を立つ。こまめに膀胱の中身を減らす失禁対策として。これからは勘違いされたくなくて、飲み会でオシッコを我慢して膀胱炎になっちゃうかも……アル子どうしよう⁉ なんて35歳にもなって悩みません。男子も「年とってるから頻尿なんだな」と慮《おもんぱか》ってくれるでしょう。近いうちにハルンケアが必要になりそうな私はいい。老婆は老婆心ながら、若いお嬢さん方に注意したい。

先日「ナンパ師の教えるヤレるテクニック」の載った本を読みました。著者のナンパ師は「女を酔わせてセックスに持ち込むのが一番」と説き「酔わせるために、塩分の多いもの&パサパサしたものを頼め」とアドバイスしていました。そしてその代表メニューとして、チーズの盛り合わせを挙げていました。著者いわく「チーズの盛り合わせと甘くて飲みやすいシャンパンをボトルで頼み、女性のグラスにどんどん注げば、相手は酔っ払って判断力が鈍るためにヤレる」んだとか。私はこれを読んで衝撃を受けた。というのも私はチーズが好きで、メニューにあるとだいたい頼む。そしてナンパ師の言うとおり、シャンパンやワインをどんどん飲んで酔っ払っていた、べつに男に注がれなくても。**そうか、私が酔ってやらなくていい男とやってたのは、チー**

ズの盛り合わせが原因だったのか……！

著者はそれ以外にも「普段はナンパなんかしないんだけどたまたま好みの子に出会ったから声をかけた、と相手に信じこませよう」「出会いはナンパだったけど真剣に付き合いたいと思ってる、と相手に信じこませよう」「1回目のデートでやれない女は今後もやれない確率が高いので、深追いしないように」などのアドバイスをしていました。

戦いに勝つには、敵の作戦を知ることが大切。また私の敗戦経験からアドバイスすると、女性はセックスを迫られると「私のこと好き？」「付き合ってない人とはしない」とか言いがち。そこで「好きだよ」「じゃあ付き合おう」と返されても、それはヤリヤリ詐欺の手口です。やるだけやって連絡を絶てばいいと敵は考えているのです。私もそんな手口に何度引っかかったか……うう……（号泣＆失禁）。

だってヤリチンってイケメンに限らないんだもん！　奥手な草食ぶってるヤリチンもいるんだもん！　涙で前が見えません！　マイク1本じゃ足りません！　チンポは真面目な1本で十分です!!

被害者を増やさないためにも、みんなでマイク片手に叫びましょう、「ＳＴＯＰヤリヤリ詐欺!!」。

28 右手にスマホ、左手にオナホ

この世には携帯に大奥フォルダを持つヤリチンもいますが、全体的にみると草食化が進んでいます。

「男が草食化して女が肉食化している」と言われますが、国内の調査によると男女ともに若い世代の性経験率は低下してます。30代前半の独身男女を調べても、性経験のない男性は26・1％、女性は23・8％（※）。つまり独身男女の約４人に１人が童貞か処女。

一部のヤリヤリ層は存在するけど、男女ともに「恋愛やセックスって面倒くさい」と考える層が増えて「だったらオナニーでいい」という傾向が高まっているのかもしれません。けれどもソロ活動に励みすぎると、セッションでイケなくなる。私も電マを使ってオナニーしていた時期がありますが、いざセックスした時に「感度が鈍ってる……？」とハッとしました。それ以来、電マは部屋の片隅で埃をかぶっています。

フリマに出そうかしら。そんな電マ、フリマに出したら迷惑かしら。

若い男性にも「膣で射精できない男性」が増えているそうです。理由としてソロ活動の際に強くマイクを握りすぎている場合もあるし、あとはオナホ。日本のオナホールの性能はすばらしいそうで、TENGAは爆発的にヒットしています。ある男性誌には『いまやオナホファンのための同人誌もある』と書かれていました。一体どんな同人活動をしているのか？

「パソコンとUSB接続して、ゲーム画面上の美少女とのセックスを体感できるオナホール」もあるそう。これの女性（バイブ）版があったら、私も試してみたい。承太郎に「オラオラオラオラオラ！」と叫びながらハメられたい。「アナルを想定したオナホール」も開発されて「女性器タイプよりもタイトな締めつけで、きつめのアナルが想定されています」と説明がありました。これには「メーカーさん、開発の手を止めて〜」と言いたくなる。どれだけケーゲル体操に励んでも、アナル相手に勝ち目はないから。「飾っても美しいオナホール」もあるらしく、なぜ飾る必要が？　と疑問ですが、彼女が部屋に遊びにきて「素敵なオブジェだね♪」と手にとってそれがオナホとわかったら、気まずすぎるだろう。

光合成女子（オナニーによって性的満足を得る女子）がいる一方で、絶食系男子（恋愛やセックスに興味がない男子）も存在するそうです。以前、テレビの「恋愛願望のない若者たち」という特集を観ていたら、20代の男性が「オナニーはしないんですか？」という質問に「一応オナニーはします、好きな音楽を聞いて」と答えていました。音楽を聞いて……どうやって抜くの？ 抜きどころはやっぱサビ？

私もバッファローマン好きだけど、『悪魔の猛牛』（バッファローマンのテーマ）を聞いて抜くとか無理。その男性は「AVは生々しいから観たくない」と答えていました。私も男優の汚いケツとか観たくないけど、悪魔の猛牛よりは抜けると思う。

ちなみに生食系男子（セックスはナマが信条の男子）もいるそうですが、性病率が高そうだし、そんなバイオハザード系よりは絶食系が増殖する方がナンボかマシでしょう。

ただ絶食系でも「一生ひとりは寂しいから、結婚はしたい」という人は多いよう。私も昨今「恋愛願望は弱いけど、結婚願望は強い」という若者によく出会います。オギャーと生まれた瞬間から不況で、「家庭をもって早く落ち着きたい」と望むのでしょうか。知り合いから「男友達がどうしても結婚したくて、彼女とセックスする時に外に出すフリして1／3を中に出し、彼女が妊娠してデキ婚に成功した」という話を聞きました。

ゾ〜〜恐ろしい子！　皆さん、男の「大丈夫、外に出すから」を信じちゃいけませんよ！　そもそも膣外射精は避妊にならないから！

若者が草食化する中、気を吐くのが中高年。同世代の友人からも「父親のカバンからバイアグラが出てきた」「父親の部屋でクラミジアの薬を見つけた」「父親がフィリピン人ホステスさんと浮気しているのがバレて、離婚騒動」といった話をちらほら聞きます。

渡辺淳一の不倫小説も中高年から火がついたし、彼らは電車で日経新聞の連載を読みながら「黒木瞳みたいな人妻とチョメチョメ……」と夢を抱きつつ、バイアグラを使ったり性病をもらったり、フィリピン人ホステスさんとの浮気がバレて熟年離婚の危機に立たされたりしているのでしょう。

〝おじさんはなぜ尻を割るのか？〟のコラムに登場するフケ専のN子、彼女は50代のヅラ男性と付き合っているのですが「毎回、2時間は挿入するね」と言います。「2時間!? そんなの20代の若者でも無理でしょ」と言うと「だって彼、ものすごく強力なバイアグラを服用しているから」。50代の彼は命がけでセックスしているようです。N子は「あの人、チンポが勃たなくなったら死ぬんじゃない？ チンポにすごいアイデンティティを宿しているから」と言うけど……へぼい！ 友達の彼氏なのに悪いが、へぼすぎる!! 「自分の力で勃ったのではないぞ！ バイアグラの効能のおかげだということを忘れるな！」とランバ・ラルのように説教したい。

たかがひとつの臓器をアイデンティティにしたり、シンボルと呼んだり……そういう男根主義者は本当に意味がわからない。もしあの人が総理になったら、国民栄誉賞の勲章もチンポマークになったりして。それはそれで面白いけど。でも女性の受章者にはマンコマークにしてね♥

50代の男性が命がけで生身の女に入れたいと望み、若者はオナホールに入れて満足するこの国……べつに全然いいと思いますよ、私は「たちあがれチンポ」とか思ってないし。性欲もセックスも人それぞれで、他人があれこれ言うことじゃないし。ただ他人に迷惑だけはかけちゃダメですよね。

悩み相談サイトに〃赤ちゃんに授乳していると舅《しゅうと》が覗きにくる〃という女性の悩みが載っていました。隠れて授乳していても覗きにくるし、なんとその舅、近所のジジイ仲間を誘って〃嫁の授乳覗き見ツアー〃を企画していたそうですよ！　私だったら殺して埋めてしまうわ。

生身の女に入れたいと勝手に夢見るぶんにはいいが、「嫁の乳を見たい」は許されない。だったらAVで見ろって話です。日本はおじいさん向けのAVが充実してるんだから（米国CNNでも「日本の老人ポルノ」の特集が組まれたほど）。

『禁断介護』という老人と若い女性のセックスを描いたシリーズは、なんと70作も発売中。解説を読むと〃夫の出張中に欲求不満の嫁が舅のおむつ交換しながらムラムラして舅を誘惑、舅も介護老人とは思えぬ元気な勃起ぶりで、嫁の性欲を十二分に満足させる〃とか書いてあって、心が暗くなりました。介護者を冒瀆すんのもいい加減にしろバカ。『女子高生と老人の性』という作品の解説には〃放課後の教室で厳格な老教師がピチピチ女子高生をむき出しに！　ジジイはイヤだと言う女の子もアソコはヌレヌレ！〃と書いてあり「おじいさん向けのコピーだなあ」と眺めながら、心は暗くなる一方。

おじいさんと若い女の組み合わせが圧倒的に多いですが、『ああ愛しき同胞の女』という作品のジャケットでは、74歳の男性と71歳の女性がねっとりと寄りそっていました。嫁に誘惑されるとか女子高生を犯すとかよりはずっとマシだけど、正直、見ていて辛い……。

辛くなる理由の1つに「あまりにも生々しすぎる」のがあると思います。高齢男優さんの肌の無数のシミとか、高齢女優さんのヒジやヒザのしわとか「生きるとは老いることなのだなあ……」と噛みしめずにいられない。そんなこと噛みしめながら性欲を高めるのは、至難の業。

美魔女と呼ばれる元気な女性たちがおばあさんになったら、〝おばあさんと若いイケメンの禁断介護シリーズ〟が発売されるのでしょうか。でも私はそんなの観たくないわ～。「二次元に萌えられる自分でよかった、私も悪魔の猛牛で抜けるように鍛錬しよう」とそっと心に誓う35歳なのでした。

※「日本性教育協会」の２０１２年の調査、「国立社会保障・人口問題研究所」の２０１０年の調査より。

29　国民の性生活が第一！
～究極のオーガズム実現のためのマニフェスト～

女性読者の性の悩みで一番多いのが「セックスでイッたことがない」というもの。世界26ヶ国の女性に行った調査によると「どんなシチュエーションでオーガズムに達したか？」という質問に対し、60％が「マスターベーション」、23％が「セックス」、17％が「セックスとマスターベーションの両方」と答えています。つまり、セックスでイケる女性は4割しかいない。

また国内のアンケートによると、クリトリスでイク女性が多数派で、膣でイッたことのある女性は3割程度と少数派。クリトリスのオーガズムは性器一帯に広がり、膣（Gスポットやポルチオ）のオーガズムは全身に広がると言われます。

その全身に広がるオーガズムを味わってみてぇ!! と望む女性は多いもの。バーで飲んでいる時も「中イキって経験ないんですよ、どうやったらイケますか？」と若い娘さんによく質問されます（街のエロ博士だから）。「セックスがあまり好きじゃない」という女性にも出会いますが、話を聞くと「セックスで心から気持ちいいと思ったことがない」という人がほとんど。美味しいケーキを食べたことがないから、ケーキはあまり好きじゃないと言っているような状態。

究極のオーガズムを味わえば、セックスをもっと前向きに楽しめると思います。よってここでは、究極のオーガズムを実現するにはどうすればいいか？ について書きます。

1. 性的価値感の大転換を！

国内の調査によると、8割以上の女性が「イク演技をしたことがある」のだそう。たしかに「イクッ」と言って相手の体にしがみつけば、男はコロッと騙されます。しかしながら、究極のオーガズムは演技できない。まあ北島マヤにはできるかもしれないけど、私ら素人には無理。ちなみに女友達はオーガズムに達した瞬間、紅天女になるそうな。「マヤが滝の後ろから『うおおおおお……！』と唸りながら登場するような感覚」と語っていました。一方、私はララァ・スンになります。**「ああっ……アムロ、刻《とき》が見える……！」**みたいな。漫画好きがイキやすいとかそういう話ではなく、究極のオーガズムの瞬間はトリップしたような感覚になるのです。

オーガズムにもレベルがあって、ささっとクリトリスを触るオナニーでイッた時は「ん、イッたな」と冷静だし、そのまますぐ業務に戻れる。が、セックスで究極のオーガズムに達した時は、膣が大きく波打って、鳥肌がたち、顔も体も紅潮して、呼吸も乱れ、脈拍も上がり、「きゅ、救心をください……！」な状態になる。いってみれば、取り組みを終えた直後の力士のような状態。

ろくに言葉も話せないし、私など加齢による涙腺軟化症のせいか涙も出る。そんな風にゼーハー言いつつ心臓バクバクで涙ぐんでいる姿を見ると、男性は「演技じゃなく本気でイッてる……！」と確信して、感動するのです。貴乃花の表彰式の小泉元総理のように「感動した!!」とうち震える。

周りの女友達も「本気でイクと男はものすごく感動するよね」と言います。この〝感動〟がキモなのです。

男性には「①自分が気持ちよくなりたい」「②相手を気持ちよくさせたい」という2つの欲求があります。女性が究極のオーガズムに達すると、男性は②がフルに満たされて感動するし、自信がつく。

私はヤリチン嫌いの草食好きなので、感動して自信がつく男性の姿をよく見てきました。奥手で経験の少ない男性は、そもそも自分のセックスに自信がない。相手を満足させられるだろうか？　と不安を抱えている。

そこで私がラファになってイキまくると「僕でもこんなに女性を喜ばせられるんだ……こんなに嬉しいことはないッ……!!」と大きな感動に包まれる。ア・バオア・クーから脱出したアムロ状態。するとその後は「自分に自信を与えてくれた存在」として、女神のように崇められます。これが究極のオーガズムを推奨する、最大のポイント。

奉仕系のセックス、たとえばフェラテクを駆使して男性を喜ばせても、崇められることはありません。女性読者から〝フェラで彼の心をつかもうと全力でしゃぶったら、その後セックスはしないのに毎日フェラを求められるようになった〟という残念なお便りもいただきました。このように、奉仕系セックスはフェラ奴隷になってしまうリスクもある。

一方、相手に自信をつけてオーガズム女神になると、丁重に扱われます。「さっさとチンポしゃぶって」みたいな無礼な扱いなど受けないし、むしろ相手は「また彼女を喜ばせて、あの感動をもう一度……！」と思うので、気合いを入れて前戯に励む。

奉仕系セックスは「相手は満足するけど自分は満足できない」「つねに彼を喜ばせねばと義務感にかられる」という点で、ハッピーではありません。それを喜ぶ真正ドMの女性は、ごくわずかでしょう。

崇拝系セックスは「自分が満足することで相手も満足する」という双方のハッピーが可能。女性もセックスに期待感を持てるので、どんどんセックスに前向きになれる。かつ、男性の肉体的な満足度も上がります。女性は感じるほどに膣が締まり、オーガズムに達すると膣が痙攣してさらにギュギュッと締まる仕組み。よって、男性も挿入した時に気持ちいいという特典つき。

私の経験からも、自力でフンッと締めた時とオーガズムによって締まる時では、後者の方が圧倒的によく締まる。すなわち「この前やった女、ガバガバでさー」とのたまう輩は「自分のテクが未熟である」と公言しているようなもの。女性の膣は出産しても元のサイズに戻るくらい、自由自在。肉体界の悪魔将軍的存在です。ゆるいとか抜かす輩は、地獄の断頭台で処刑してやればよろしい。

挿入で女性が究極のオーガズムに達すれば、男性は「①自分が気持ちよくなりたい」「②相手を気持ちよくさせたい」を同時に叶えられる。また忙しい時にさくっと挿入メインのセックスをしても、男女双方が満足を得られれば、セックスレスになりにくい。

「感じてないのに感じてる演技をする」「自分の快感はそっちのけで相手に奉仕する」といったセックスは楽しくないし、続きません。そんな古い価値観は捨てて、

〝自分が本気で気持ちよくなることで、相手も気持ちよくなる〟

〝究極のオーガズムが、男女双方の満足度を上げる〟

という方向へ価値観を転換してください。


また「感度は生まれつきだ」という思い込みも捨てましょう。女性のオーガズムは学習によって得られるものであり、経験を重ねながら体で覚えていくものです。女性のオーガズムは「こすったら出る」という男性と違い、繊細で複雑。快感を経験して「この刺激が気持ちいい」と体に覚え込ませることで、イキやすくなる。よって「オナニーをよくする女性の方がセックスでもオーガズムを得やすい」というデータがあるのです。

私もセックス覚えたての頃は「不感症か？」ってくらい感じなかったのが、じょじょに感じるようになりました。でも20代前半はクリトリスの愛撫でしかイケなかった

のが、その後Gスポットを指で刺激されてイケるようになり、挿入でイケるようになる……というステップを踏みました。それはテクニシャンの男にあたったとかではなくて、みずからの努力と研究によるもの。

セックスで必ずイケる女性たちは「イカされてるんじゃなく、イっている」と言います。受け身で寝っ転がってるだけでは、オーガズムは得られない。自分のツボ（感じるポイントや触られ方）をオナニーによって研究・把握して、相手に伝える努力が不可欠。

「白馬に乗った超絶テクの王子様が現れて、オーガズムの花束をくれる」というファンタジーは捨てて「イカされるんじゃなく、イク」に価値観を転換してください。そして貧しい馬番を王子に育て上げるように、みずから男をテクニシャンに育てるのです。

2. セックスの男女共同参画を！

「受け身の方が男は喜ぶんじゃ？　積極的だと嫌がるんじゃ？」という古ぼけた価値観も捨ててください。目指すは、戦後レジームからの脱却。

女性誌のアンケートによると「女性にセックスの主導権を握られるとどんな気持ち？」という質問に83％の男性が「嬉しい」と答え、「セックスしたい時、女性から誘うのはあり？」という質問に94％が「あり」と答えています。

私は出会う男性全員にセックスについて質問していますが（街の変態作家だから）、ほぼ全員が「女の子が積極的だと嬉しい」「ちゃんと要望を伝えてほしい、演技されるのはイヤ」という意見。S志向の男性もMっぽいリアクションに萌えるのであり、ひたすらマグロを望んでいるわけじゃない。マグロなMじゃなく、エロいMを望んでいるのです。

女性に知ってほしいのは、男性は他人の前でエロい女は敬遠するけど、自分の前でエロい女は大歓迎ということ。

「露出度の高い女子を見るとムラムラするけど、自分の彼女には露出してほしくない、でも2人きりの時はエロいコスプレしてほしい」という心理です。飲み会で「バキュームフェラ！」と叫んで蟹をしゃぶる私のような女は勘弁だけど、2人きりの時には彼女にバキュームフェラしてほしい。「こんなエロい姿を知ってるのは俺だけだ……！」と小宇宙が高まるのです。

「積極的だと経験豊富なヤリマンと思われるんじゃ？」と不安な女性は、虚偽申告すればよろしい。「今までセックスしたのは2人だけ」と言いつつ積極的だと「生まれながらのエロ床上手なんだな！　ヒャッハー」と男性は無邪気に喜んでくれます。

「女は受け身でオッケーでしょ？」と考える女性には「自分が男になったつもりで、エアセックスしてみよう」と提案します。そしたら「男ってめっちゃ大変!!」と気づくから。

男と女では、まず運動量が違います。挿入にしても、あんな腕立て伏せ連続200回みたいな動きは辛かろう。夏場など上から滝のような汗が降ってきて、インターバルを入れて水分補給をうながします。運動量だけじゃなく、「キスして乳を揉んで吸ってマンコも触って、その間『どうやって彼女を気持ちよくさせるか？』を考えながら勃起も維持する」なんて、ものすごい重労働。頭も体もフル回転。ゆえに私はフェラ道を極めたのです。がんばってくれてありがとう、の感謝をこめてしゃぶりつくす。リアルに男性の立場になって想像すれば、自分はマグロで「彼氏が下手」と文句いう、みたいな態度はとれませんよね？　「彼氏ががんばってくれない」と不満を感じている女性は「自分はがんばっているのか？」と自問してみてください。

セックスはマッサージと同じです。「もっと左」「もうちょっと優しく」「そこは強く」と要望を伝えないと、相手はどうしていいかわからない。セックスの相性とは、2人で作り上げていくもの。「ここがいい」「もっとこうして」とお互いにコミュニケーションをとりながら、インタラクティブ（双方向・対話型）なセックスを心がけてください。要望の伝え方については、4で詳しく説明します。

3．オナニーでオーガニズムを学習

「初体験の前にオナニーする習慣のあった女性の方が、セックスの満足度が高い」というデータもあります。自分のツボを研究・把握することは、きわめて有効なのですね。

女性は男性と違って、物理的刺激で興奮することはまずありません。男性はチンポを触られて勃起してムラムラしたりするけど、女性がいきなりマンコを触られてムラムラするのはまず不可能。だからAVの「嫌がっていた女性が触られているうちによがり出す」といった表現は大迷惑。

女性は精神的にエロスイッチが入らないと、ムラムラしない。セックスにおいてはパートナーとのキスやイチャイチャでスイッチが入るけど、オナニーではオカズを使ってスイッチを入れる必要がある。自分好みのオカズを用意して、十分に気持ちを高めましょう。

それでは性感帯の説明。強い快感を得られる性感帯は、クリトリス・Gスポット・ポルチオの3ヶ所。

クリトリスは感じると充血して膨らみ、包皮から本体が現れます。神経が集中している最も敏感な場所なので、初心者は下着の上からソフトに刺激してみましょう。それで慣れてきたら、直接触ってみてください。その際、膣から出た愛液をすくってクリトリスをぬるぬるに保つのがポイント。濡れがイマイチの時は、ローションを使ってみましょう。

Gスポットは膣に指を入れて曲げたあたりの、お腹側にあります。ポルチオは指をぐっと奥まで差し込んだ、膣の突き当たり（子宮の入り口）にあります。ただ膣はクリトリスと違って、わりと鈍感。じゃなきゃ出産なんかできませんよね、赤ちゃんを産む時に破れたりもするわけで。鈍感な膣で快感を得るには、開発が必要です。まずはクリトリスでイケるようになってから、膣の開発にトライしましょう。

具体的な方法としては、クリトリスで十分に快感を高めてから、イキそうになったところで膣に指を挿入して、Gスポットを刺激してみる（人によって微妙に位置が違うので、いろいろ触って探してください）。Gスポットを刺激する際は、指の腹で指圧するように押すか、円を描くように触ってみましょう。この時、指のつけ根をクリトリスに押しあてて刺激を加えると、よりイキやすくなります。自分の指を入れるのに抵抗がある人（または爪を切りたくない人）は、バイブを使ってみましょう。初心者はクリトリスとGスポットを同時に刺激できる、小ぶりで短いタイプがおすすめ。

Gスポットでイケるようになったら、ポルチオも試してみましょう。ただポルチオでイケる女性は1割程度だと言われますし、未開発な女性は痛いだけの場合も多いので、無理はなさらぬように。またポルチオでイケる女性も「クリトリスで感じて、Gスポットで感じて、それで十分に高まっているからポルチオも感じる」と言います。なのでその2ヶ所で十分に高めてから、指（またはバイブ）でそっとほぐすように触ってください。痛みを感じやすい場所なので、くれぐれも優しく慎重に。

以上を参考にオナニーして、楽しみながらオーガズムを学習してください。

オナニーならイケる女性が多いのは、自分の好きなように触れること、また1人だから集中できることも理由でしょう。セックスだと相手へのサービス精神から、エロいあえぎ声やよがり顔を計算してしまう。エロい声を出すつもりが痰がからんで関取みたいな声が出て「やべ！」と焦ったりとか。

それだと快感に集中できず、オーガズムに到達できない。演技でセックスが盛り上がるのはいいことですが、「オーガズムが近づいてきたら演技はしない」ことをおすすめします。

どうしても相手の視線が気になる人は、以下を試してみましょう。

①部屋を真っ暗にする
②目隠しプレイを提案する（男性が目隠しするパターン）
③「イキそうになると気持ちよすぎて声が出なくなっちゃうの」と事前に頬を染めつつ言っておく
（②は目隠し状態でフェラしてやって「目隠しプレイ最高！　大好き!!」と男性に刷り込むのがよいでしょう）

4．男のセックス偏差値を30から70へ向上させよ！

男友達が「スペイン人の女の子と付き合った時に『なんでそんなにがっつくの？もっと焦らしてくれなきゃ気持ちよくないでしょ！』と言われて、自分のセックスが間違ってたことに気づいた」と話していました。

欧米の女の子たちと話してると「どうして日本の男ってセックスが下手なの？デイスガスティング!!（うんざり）」と言われます。「勢いまかせ・力まかせにがっついてくるし、クリトリスをがんがん攻められて、指で激しくピストンされて、痛いだけで全然気持ちよくない！」と言われて「世界一のＡＶ大国なので、かたじけない」と国を代表して謝罪した私。

が、私は同胞男子を責める気はありません。だって女が教えないんだから、教わってないものはできなくて当たり前。欧米の女の子は「ねえ、『指の腹で優しく円を描くように触って』って日本語でなんて言うの？」と聞いてきます。彼女らは、男に教える気まんまん。

私はニコニコ動画で「アルテイシアの相談室」というコラムを書いていますが、セックス指南の記事はいつも驚くほど反響が大きい。「クリトリスを触る時はトラックボール（パソコンのマウスについてる玉）を回す強さで」とか「割れ目をなぞる時は、大きなのっぽの古時計～♪　のリズムで」とか書くと「勉強になります！」「ＡＶを観て勘違いしてました！」と多くの感想が寄せられます。彼らは学ぶ意欲はあるのに、学ぶ機会がない。AVの間違った情報を正すチャンスがない。だから「セックスの満足度も回数も世界ワーストレベルの国」という残念な状況になっている。

セックスの満足度を上げることが、離婚率や少子化の抑制につながるのではないか？　そんな社会的意義から、というのは真っ赤な嘘で、自分がイキたいのと世話やきババア根性から、過去の私は男子にセックス指南をしてきました。

体をはった個別指導の結果、セックス偏差値が30から70まで上がった男子を見ると「キミはこれから数少ないセックス名人として、世の女性を喜ばせるのだね……！」と強いやりがいも感じました。東進ハイスクールで授業させてくれまいか、熱血エロ講師として。

彼らと本音トークをしていると「どうしてほしい？　って女性に聞きたいけど、AVみたいで嫌がられるんじゃないか、相手も答えにくいんじゃないかって気をつかって聞けない」と口をそろえて言ってました。男性も聞きたいけど、聞けないのです。

そこで女性みずから個別指導してあげてください。オナニーで把握したツボと触り

方を、彼らにレクチャーしましょう。その際のポイントは、

・否定形で言わない
・褒めて伸ばす
・エロく言う

皆さんも、フェラの際に男性から「痛い！」「それ全然気持ちよくない」とか言われたら、傷つきますよね？　私だったらチンポを噛みちぎって大蛇のように丸飲みします。相手にはちゃんと言葉で説明してほしいし、それで感じてくれたら嬉しいし、エロい気分にもなりましょう。

「こう言われたら相手はどう思うか？」と想像すれば、おのずとどんな言い方が良いかわかります。「痛い」「そこはあんまり」じゃなく、「もっと優しくして」「ここが気持ちいいの……うん……そこ……あん……すごい……」と褒めまくりながら、きわめてエロく言いましょう。言葉で説明しにくければ、相手の手に手を重ねて、自分で動かしてみるもよし。これは視覚的にもエロくて、男性は非常に興奮します。

「恥ずかしい、無理」という人には、別キャラに憑依することを提案します。「私は

超セクシーなフランス人教師モレシャンよ！」など、自分好みのキャラを演じてみましょう。そのネタを拾うためにも、エロい洋画とか観るのもおすすめ。演技力はそういうところで発揮すべき、というのが私の意見。痛いのに我慢してイク演技をしても、誰も幸せになりません。また男性のＡＶ由来のファンタジーを責めても、誰も幸せになりません。男女が協力して「お互いに満足して幸せになれる、もっといいファンタジー」を作り上げるべきではないでしょうか。

とはいえ、行為の最中に細かく要望を伝えるのは難しいもの。愛撫を中断してエロい気分が冷めるのも避けたい。そこで「事前のイチャイチャタイム・事後のまどろみタイム」に伝えることを提案します。

犬のしつけはその場で叱るのが大事と言いますが、男性は犬と違って一応言葉がわかります。よって「のんびりイチャイチャしてる時が一番好きかも♥」と言って、まずはイチャイチャタイムの必要性を認識させる。すると「いきなりがっついて押し倒してくる」といった悪いクセも矯正できる。

男性には「いきなりズババババッと乳首にむしゃぶりつく」といった悪いクセもありますが、女性はじっくり焦らされることで、何倍にも快感が跳ね上がるもの。そこでいたずらっ子のクリスチーネ（剛田）に憑依して「男の人も乳首って感じるのー？」とか言いながら、エイッとシャツをめくって、正しい愛撫のお手本を見せてあげましょう。乳りんを優しく指でなぞったり、乳首を舌で転がすように舐めたり。まあ男の乳首はやたらちっさくて、やりにくいけど。

それで**「私はこんな風に焦らされると感じるんだけど、のび太さんはどう？」**と聞きながら、正しい愛撫を教えます。すると相手は気持ちいいしエロい気分も高まるし、「イチャイチャタイムって楽しいんだね！　ドラえもーん!!」と幸せ気分も味わえます。

事後のまどろみタイムは、裸でぶつかった後なのでお互いにオープンだし、マンコに触ることにも抵抗がない。そこで「こういうのも好き」とか言いながら、実際に触らせて正しい愛撫を教えましょう。この時に「〇〇よりも××の方が気持ちいい」とか、普段言いたかったことを伝えるもよし。事後のレクチャーによって、次回以降の満足度を高めてください。

それも恥ずかしいシャイガールは、拙書『オクテ男子のための恋愛ゼミナール』を相手に読ませてください。〈童貞からセックス名人になる方法〉を詳しく解説しています。「友達に借りたんだけど、エロくてちょっと引いちゃった☆」とか言いながら本を貸せば、彼は「どうエロいんだ⁉」とがっつり読み込むことでしょう。

そしてセックスの最中は、自分がしてほしいことを相手にしてあげてください。じっと彼の目を見つめて、愛しそうにキスしたり、優しく髪を撫でたり、ぎゅっと体を抱きしめたり。すると彼は「大切にされてる」と実感できて、幸せを感じるでしょう。同時に「AVみたいな強引で激しいだけのセックスは違うんだな」と気づくはずです。

以上で男性のセックス偏差値を高めたら、いよいよ本丸・挿入でのオーガズムを目指しましょう。

挿入でイクためには、女性の努力と男女の協力が不可欠。というのもペニスは指と違って自在に動かせないため、前戯でイクよりも難易度が高い。そのぶん、イケた時には「バンザーイ‼」とダルマに目を入れるような達成感を味わえます。

挿入のオーガズムでは「タイミング・集中力・呼吸法・膣のコントロール」が鍵。

まずはクリトリスの愛撫でイク寸前まで高めて、「今だ！」というタイミングで挿入に切り替えましょう。それから、膣に全意識を集中させます。エヴァのパイロットのように、己とマンコをシンクロさせるつもりで。同時に、息をぐっと止めたりゆっくり吐いたりという「呼吸法」と、膣を緩めたり締めたりという「膣のコントロール」によって、快感を研ぎ澄ませていきます。そんな女性自身の努力によって、挿入でのオーガズムが可能になります。

とくに集中力と呼吸法が鍵なので「あーんイクイクー」とか演技していたら、絶対にイケません。「私が声を出さなくなったらイキそうな合図だから、同じ動きをキープしてね」と事前に伝えておくのがおすすめ。

男性に協力してもらう点は、Gスポットやポルチオにペニスがあたるように、体位を工夫してもらうこと。Gスポットは入り口から5センチ程度の浅い場所にあるので、ここをペニスの先で狙うのは難しい。ペニスのカリの部分でこするように刺激するのが一般的です。

ポルチオでイケる女性は少数派ですが、クリトリスとGスポットへの刺激で高まったところに、ペニスの先で奥を突かれる刺激が加わり、オーガズムに達することが多いよう。膣もペニスも形や大きさは人それぞれなので、2人に合ったベスト体位を探してください。

挿入中にクリトリスを触ることで、イキやすくなる場合もあります。「うつ伏せに寝てバックで入れられながら、自分でクリトリスを触る」「騎乗位で自由に動きながら、相手にクリトリスを触ってもらう」「クリトリスの愛撫でイキそうなギリギリのタイミングで、正常位で挿入」がイキやすいと語る女性が多いです。ちなみに私は3つめの方法でイキますよ。これだと騎乗位みたいに疲れないし、相手のよがってる顔もじっくり視姦できて楽しい。

それと個人的に、セックスは素面でするのが一番だと思います。ほろ酔い程度なら気分も盛り上がっていいけど、私は泥酔するまでバカ飲みしがちなので、感度がダダ下がりしてしまう。普段お酒を飲んでやってる人は、素面でやってみることをおすすめします。

5．セックスレス対策の立て直し

夫婦の6割がセックスレスと言われる我が国。女友達と話していても「えっ、旦那とセックスしてるの⁉」とセックスしてる方が驚かれる現状です。セックスなんて人それぞれだから、しようがしまいが男女双方が満足していれば問題ない。セックスしなくても仲良しで絆の強いカップルはなんぼでもいるし。

ここでは「セックスレスを解決したい」という人に向けて対策を書きます。

まずは、自分がその気にならない場合。「あんまり気持ちよくないから」という理由なら、ここまでを参考に満足度を高めてください。「今さらパートナーに対してその気にならない」という理由なら、四の五の言わずやること。

その気にならなくても、仕事だったらやるんだから。企画書を作る気にならなくても、しぶしぶ始めて作っているうちにだんだんやる気が出てくるもの。「どうせやるんだったら楽しみを見つけよう」と思うものだし。世の中の多くの人は、セックスに夢を見ているのだと思います。お互いに気持ちが高まって求め合うのがセックス、みたいな。でもそんな女性誌に載っているようなこと、信じちゃダメですよ。〝いつまでも男と女でいたい〟〝夫婦になってもエロスを忘れたくない〟なんて、あんなもん綺麗事なんだから。長年付き合っている相手なら、だんだん飽きてムラムラしなくなるのが自然な流れ。

私はむしろ、家ではエロスなんて忘れていたい。同居人に性的対象として見られる方がリラックスできない。

ソファに座ってボーッと下唇の皮をむいてる時に迫られたら、超ウザくないですか？　**「下唇の皮くらい落ち着いてむかせてくれや！」**と暴れたくなる。女性誌には〝つねに女であることを忘れず、お風呂上がりにはセクシーな下着をつけて〟とか書いてあるけど、風呂上がりにくつろげないなら独身でいる方を選ぶ。

そもそも風呂上がりなんて全身から湯気が立ちのぼり、のぼせて顔も真っ赤。それで腰にタオルを巻いて手をパーにしたら、まさに金剛力士像。恐れ多くて欲情なんてできないでしょう。

女性誌のセックスレス特集がなくならないのは、そこに載っているアイデアが有効ではないから。

パートナーを性的対象として見られるのは、たまにセックスするからです。日常と違う姿を目にして、その時だけは相手のセクシーな一面を覗ける。つまり四の五の言わずセックスすることで、セックスする気になるのです。

また「相手に欲情するからセックスする」のではなく「セックスするために自分で欲情する」という方向へ転換しましょう。具体的には、セックスの前にオカズを補給して、エロスイッチをONにする。自分でクリトリスを触って寸止め状態にしておくもよし。それでやってる最中は「○○課長とやってる設定で」とか妄想すると、背徳感も手伝ってさらに気分が高まります。

「脳内浮気」はパートナーの気分を高める効果もあります。リアルに脳内彼氏を設定すると、日々ときめくし美容やオシャレにも気合いが入って、パートナーに「なんか最近、綺麗になった?」「好きな男でもできた?」と危機感を持たせられる。するとそれがスパイスとなり、セックスのモチベーションが上がる。氷川きよしくんにハマって寿命が延びるおばあさんとかいるし、脳内浮気はおすすめです。

そして、その気にならずセックスを拒否している人は「拒否された方は不満がたまるし、傷つく」ことを忘れないでください。

夫に「月に一度は外食したい」と言って「いやだ」と拒否されたら、「ハアッ⁉　私はしたいって言っているのに、何それ！」「この人、私のこと大事に思ってないのかな」「もう二度と食事になんか誘わない、他の人と行こう」と思いますよね？　つねに相手の立場になって考えることが、良好な関係を続ける秘訣。つねに女でいることなど忘れても、それさえ忘れなければうまくいきます。

続いて、相手がその気にならない場合。これも女性誌の提案する、部屋着に凝る・照明やインテリアに凝る・アロマを焚くといったアイデアは役に立たない。周りの男性陣も「そんなの男は絶対気づかない」と言いますが、女目線の自己満足な発想だと思います。

「下着は見える場所に干さない」とか書いているけど、ほんならどこに干せばええの。

「なるべく裸を見せない」とかも、おじいさん向けの発想。「女性は和服が一番ですなあ」みたいな世代には効いても、喪服よりメイドに萌える世代には効きません。

「男性はどんな時にセックスしたくなる?」というアンケートで、1位は「しばらくしてない時」、2位は「雑誌やDVDでHなシーンを見た時」、3位は「女性に体を触られた時」という回答でした。男のエロスの仕組みは単純。そして男のペニスは緊張すると勃たない仕組み（副交感神経が優位＝リラックスしている状態じゃないと勃起しない）。

ゆえに女性誌のセックスレス記事を読んで、真剣に努力する姿勢が逆効果なのです。部屋着に凝ってアロマを焚いて「セクシーでしょ!? やりたくなるでしょ!!」と鬼気迫る表情で膣トレなんかされたら、プレッシャーで萎えてしまう。

年間セックス回数1位の国はギリシャですが（平均138回）、ギリシャ人はいい加減だからでしょう。この数字も「だいたいこれくらいかな〜」とテキトーに答えてると思う。でも、このゆるーいテキトーさがセックスには追い風になる。ストイックで真面目な日本人は「セックスはこうあらねば」「やるからにはイカねば」と考えるため、みずからハードルを高くしてしまいがち。性生活面ではギリシャを見習って「とりあえず、やっとく〜?」「イカなくても、まあいっか〜」と**脱力系セックス**に方向転換してください。

「セックスを断った理由」を夫婦に調査すると、男女ともに「疲れていたから」が上位にランクインするそう。働き者の日本人は仕事や家事育児をがんばりすぎて、セックスする余力が残ってない。それでセックスまでがんばってたら、過労死してしまいます。「気分転換にさくっとやるか♪」と気軽にセックスしてみましょう。

まずは自分にも相手にもプレッシャーをかけないよう、明るく楽しく誘ってみる。やる気のない男性には、エロくないふざけたノリがおすすめ。

一緒にお風呂に入ってふざけながら「学生さん? はじめて?」と体を洗ってやったり。男性は視覚と触覚で興奮するので、裸の女性にペニスを触られれば、わりとすぐ勃起します。ただし浴室の床は滑りやすいので、ツルッと滑ってケガしないよう注意しましょう。

同様に、エロくないノリでマッサージもおすすめ。リラックスしている状態で太も

ヨンにもなって便利）。

触られれば、これもわりとすぐ勃起します（マッサージオイルを使えば、潤滑ローシもや鼠蹊部《そけいぶ》（太ももの付け根）を触られればムラムラするし、ふざけながらチンポに

男性は加齢とともに、勃起力の衰えを噛みしめる人が多いもの。彼らは挿入＝セックスという考えが根強いため「勃たないいんじゃ？　中折れするんじゃ？」と不安になりがちで、不安になるとますます勃起しなくなる。

そんな相手には「挿入も好きだけど前戯はもっと好き」「イチャイチャしてるだけで幸せ」「だから勃起しなくても平気だゾ★」と乙女ゲーのヒロインみたく言いましょう。まあ実際の乙女ゲーのヒロインはマグロだけどな。

忙しい日本人カップルには「さくっとセックス」の導入を提案します。じっくり時間をかけてやる「一発入魂セックス」もいいけど、毎回それだとしんどいし、ハードルが高くなる。前戯とか省いた挿入メインのセックスも、工夫次第で楽しめるもの。

自分でオカズを使って高めておいて、その後、服を着たままキッチンでするとか、

壁にもたれて立ったままするとか、ソファで彼にまたがってするとか。男女ともにビシッとしたスーツ姿には萌えるので、仕事から帰って玄関でやってみるとか。男はパンスト破るのが好きなので、5枚1000円の安物を破らせてやるもよし。

一発入魂セックスは「さあやるぞ！」と気合いを入れないとできないため、疲れていると「また今度にしよっか」と流れてしまいがち。ちなみにうちは猫がいるので、あんまり長時間やってると猫が夫の背中に乗ってフミフミします。

セックスは相手あってのものだから、ひとりよがりな努力は徒労に終わりがち。やりたくなるムードを演出するより「どんなやり方が萌える？」と相手に聞いた方が100倍早い。

セックスはこうあるべきと縛られず、いろいろ試してくださいね。楽しみながら、テキトーに。

「セックスレスの予防は比較的たやすいが、治療は難しい」と言われます。だから完全に火が消えてしまわないように、消さない努力をしましょう。

完全に火が消えちゃってプスッともいわない場合。「いろいろ試しても解決しなければ、最後は話し合いしかない」と言いますが、話し合いは地雷を踏むリスクが高い。「もうしたいと思えない」「そんな対象に見えない」とか言われたら、誰だって傷つきます。セックスレスについて話し合う際は、冷静に論理的に説明するのがおすすめ。「女にとってセックスは単なる性欲や快楽だけじゃなく、精神的な意味合いが大きいんだよね」「愛する人に抱かれることで安心するし、幸せを感じる。そういう精神安定剤っぽい役割もあるの」と説明してください。感情じゃなく理屈で話した方が、男性には響きやすいもの。

「なんでしてくれないの……」と床に手をつきシクシク泣くのだけはやめましょう。そんなの、せっかくのあなたの人生がもったいない。パートナーを泣かせて平気な男などさっさと見切りをつけて、新たな一歩を踏み出してください。

以上でマニフェストの説明を終わります。

究極のオーガズム・ハッピーな性生活の実現には、女=受け身という価値観から脱却して、みずから主導権を握ること。

「フェラで神気分を味わう」とコラムにも書きましたが、男性の金玉をいじりながら「彼の運命は私の手に握られているのだわ……ムハハハハ！」と思うのは楽しいもの。それでヒーヒーよがってる姿を見ると、全能感を味わえます。全能感なんてクスリでもしない限り味わえないけど、セックスやフェラであれば、法律違反せずに味わえる。だからねえ、ノリピーもどうせなら、あぶりじゃなくしゃぶりで……ピー（自主規制）。

30

世代間のオナニー格差問題

バブル世代の女性たちが集まる新年会に参加した時のこと。

「私は初ジムに行った」「初エステを受けた」と初○○話をしていた時に「私は今日、初オナニーしました」と発言したら、一斉に「えっ？」という顔をされました。私も「えっ？　過激なエロネタはOKなのに、オナニーネタはNGなの？」とびっくり。そこで「アルちゃん、オナニーするんだ」と言われて「えっ、しないんですか⁉」とさらにびっくり。

彼女らいわく「べつに隠してるとかじゃなく、本当にオナニーはしないの、だってセックスの方が気持ちいいでしょ」。

そんなバブル世代の彼女らは「男とやってナンボ」主義。その場にいたのは働く独身女性ばかりだったので、一部の層の意見でしょうが。同世代や年下で「オナニーしない」という女友達はいないので、軽く衝撃を受けた私。また同世代や年下の女友達とは「しっぽり家飲みしよう」と集まることが多いけど、40代の女友達は「新しいクラブができたから行こうよ！」と誘ってくる。それも踊るためではなく、ナンパされるのが目的で。仲良しのバブル世代の女友達に「老いてなお盛んだよね」と言うと「バブルと寝た女だからしかたない」とキッパリ。彼女は「マハラジャで踊った帰りにビルの谷間で男とやった」的な超バブルっぽい昔話を聞かせてくれます。

そんな彼女の「私はオナニーしないからセフレが欠かせない」という言葉に、非効率すぎやしないか？　と私は思った。ムラムラするたびにわざわざ男を呼び出すなんて面倒くさいし、セフレと別れたら新たなセフレを発掘しなきゃいけないなんて、コスパが悪すぎる。

「だったらバイブを使ってさくっと抜けばいいんじゃ？」と言うと「でも、ああいうものを穴に入れるのって抵抗がない？」と返されて、これまたびっくり。ビルの谷間で男のチンポを入れるのは抵抗ないのに？　と思いつつ「なんで抵抗あるの？」と聞くと「うーん、バイブとかって不潔な気がして……」。

いやいやチンポの方が不潔だから！　菌とかついてるし！　性病うつされるかもしれないし！　おまけに彼女はセックスする時にコンドームを使用しない。私もろくに性教育を受けてないけど、さらに性教育が遅れている世代なのか……？

バブル世代は主婦層もお盛んなのかも。雑誌『VERY』には〝同窓会に着ていく服〟といった特集が載っていて、「ひさびさに会った同級生とW不倫で火遊び」的な煩悩がぷんぷん漂っていました。まあ同世代の既婚者同士で火遊びしてくれた方が、既婚者が若い独身者に手を出して婚期を遅らせるよりマシですが。好景気の中、『JJ』を読んで育った世代の煩悩は尽きることがないのか。アラフィフの杉田かおるは、農業に目覚めてオーガニック野菜を育てることで「お金や恋愛に対する執着を手放せた」と語っていました。無農薬のキュウリやゴーヤを握って「やりてえ……」と呟くことはもうないのか。

光合成女子という、オナニーで性的満足を満たす女性たちを表す言葉があります。オナニーなら時間も手間もお金もかからないし、そこらの男とするよりも安全。男性の中には「オナニーする女＝欲求不満のエロ女、誘ったらやれるかも」と誤解しているアホもいますが、それに対して女性が「男とやりたいからオナニーするわけじゃありませんけど？　バイブがあればペニスなんていりませんし？　バイブの方が高性能ですし？」と畳みかけるように返すと、相手は「すみません……」とスゴスゴ引き下がるしかないでしょう。バイブの方がペニスより高性能なのは事実ですが、セックスには「おっ、そう来たか！」という意外性やワクワク感がある。それにオナニーだと確実にイケるけど、セックスはイケると限らないため「よーし、イケた！」という達成感もある。光合成女子は「いやそういうのは求めてないんで、確実にイケた方がいいんで」と答えるのでしょうか。これも不況生まれの安定志向ゆえか。周囲のバブル世代の女性たちは「男とはデートやセックスを楽しみ、精神的満足は女友達で満たす」という人が多いけど、光合成女子は「男は一切不要」なのかもしれません。

後者の方が、下半身が冷えなくて健康にはいい気がします。

マハラジャの帰りにビルの谷間でやった友人は「つねに臨戦態勢で、EverydayTバック」なんだとか。「男とやらなくても、駅の階段で転んだ時にでっかいパンツ穿いてたら恥ずかしいじゃない?」という言葉に、羞恥心の基準って幅広いな～と感じました。また彼女は上下ばらばらの下着をつけている時にセフレと会うことになったら、ノーパンで行くそうな。ばらばらの下着を見せるくらいなら、穿かない。ほんとバブルって見栄の文化なのね～。

しかしアラフォーにもなってTバックやノーパンだと、下半身が冷えるでしょう。私などかなり冷え症なので、冬場はよもぎパッドを愛用しています。よもぎパッドとは、ナプキン（よもぎ成分入り）の下にミニカイロを敷いて陰部を温める商品。これはとても温かく快適なのですが、一度よもぎパッドを装着したまま自転車をこいでいたら、マンコが燃えるように熱くなり「会陰地方が火事よ～」な事態に。とコラムに書いたら、読者から「私はパイパンにした後によもぎパッドを使ったら、会陰地方が火事になりました」とメールをもらいました。陰毛は断熱材の役割も果たすのですね。

そんな私も独身時代、「今日はやったるで！」という勝負の日は、一軍のエースで4番パンツを穿いていました。エースで4番パンツは、おろしたてのセクシーなTバック。「特にやる予定はないけど、飲み会があるからひょっとして？」という日は二軍（何度か穿いたそこそこセクシーなパンツ）。特になんの予定もない日は三軍。これは穿き古してへたった元一軍か二軍、年老いた元エース的存在です。戦力外パンツは、家にいる時に穿く女性用のボクサーショーツ。素材もコットンだし尻をすっぽり包むので、快適かつ温かい。物書きになって家で仕事するようになってから、たまにTバックを穿くと「昔はこんな食いこむモノをしょっちゅう穿いてたのか！」と驚きます。当時は「パンツは食いこむものだ」と受け入れていたのでしょうが、今は激しく違和感を感じて、素材がレースだったりするとカサカサした感触が気持ち悪くてモジモジして、カンジダの疑いをかけられそう。せっかく一軍パンツを穿いても「こいつ性病か？」と疑われたら台無しです。

独身時代の私は「勝負を避けるためのパンツ」も持っていました。酔った勢いでセックスしたらマズいな～って相手と会う日は、「腹巻きと下着が一体型になった超ロングパンツ」を穿いていった。ドラゴンボールを集めて「ギャルのパンティがほしい」と神龍《シェンロン》にお願いしてこんなパンツが降ってきたらウーロンもガッカリでしょう。にもかかわらず、やっぱりセックスしてしまい「このパンツを脱がせるとは、まったく大した野郎だぜ」と相手をリスペクトしてみたり……ってな話を光合成女子にしたら「なんでそんなにセックスしたいんですか？」と透明な目で聞かれるかもしれません。

私はさんざんやり倒して結婚を機にアバズレを引退しましたが、ビルの谷間でやった友人は今もアバズレ街道を爆走中。そんな彼女はスタイルもいいし、メイクやオシャレも完璧。先日カフェでお茶しながら「いつも綺麗にしていて疲れない？」と聞くと「それが生活のハリになって楽しいし、仕事もがんばれる」とのこと。私が「まあ結局は自分のためにめかしてるんだよね」と言うと「そうそう、やっぱ気分が上がるしね～、おめこし!!」と盛大に言い間違えていました。「こんなオシャレカフェでオメコとか言うたらあかんやん！」と爆笑した私。セックスもいいけど、やっぱり最高なのは女友達とのおしゃべり。年をとって煩悩や性欲が尽きても、友情はフォーエバーなのでしょう。独身の友人たちは「老後は一軒家をシェアして暮らそう」と具体的に話し合っていますが、私も夫が死んだら、そのおばあさんハウスに寄せてほしいな……と夢見るのでした。

31 夜のオカズの情報交換会

先日、ネットで官能小説をまとめ買いして、その中の一冊でオナニーにトライしました。活字をオカズにする場合、文章を脳内で映像化します。しかしその初めて読む男性作家の文章は『右手で左乳房、乳首を甘責めしながら、左手はお腹からみぞおち、右乳房へとじょじょに撫で上げていき、右手で左乳房の表面を撫でさすっている時に、左手の指で右乳首を荒くいらったり、また逆に、左手で右乳房を、胸元、脇腹も含めた広い範囲で、羽毛が舞うような撫で方をしている時に、右手の指で左乳首を強く厳しくも責めたりした』……難しいわ!! この文章を読んでパッと映像化できる人はいないでしょう。こんなに読解力を必要とする官能小説はじめて。国語は得意だった私ですが、これで抜くことは断念しました……ていうか作者、文章下手か？

官能小説のヒロインは人妻が多いもの。活字で抜く読者の年齢層は高いため、ギャルよりも人妻の方がぐっとくるのでしょう。

しかしその人妻は私と同世代なのに日常的に着物を着ていたりして、リアリティに欠ける。長沼静きもの学院の生徒なのでしょうか。また一人称の文章なのに「淫豆・秘汁・柔肉・剛棒・怒張」など日常使わない熟語が出てきて「これは湯桶読みか、重箱読みか？」と迷ってしまう。

官能小説の人妻は、男に見つめられただけで「体がカッと火照り、秘園がズクズクと疼い」たりしますが、同世代のリアル人妻たちが集まると「最近、どう振り絞っても汁が出ない」「ローションがないとセックスする自信がない」といった話になる。

35歳は何かと自信がなくなるお年頃。夫と8年セックスはお休みというロンバケ中の友人は「ぼちぼち復活しようかと思うんだけど、今さら異物を受け入れる自信がない」と言います。そこで「事前に穴を拡張した方がいいのでは？」という話になり「ハムやソーセージなど、人体に近い物を入れてみるとか」「細めのソーセージから試して、じょじょに太めのハムに変えていけば？」「あそこのスーパーは食肉加工食品のコーナーが充実してるよ！」と、スーパーの情報交換会になりました。

官能小説にはロマンも足りないもの。夫と帰省中に義理の弟にやられるとか、夫の出張中に義理の息子にやられるとか、話のスケールが小さいのです。そこで私の理想のシチュエーションを妄想してみると……、

人妻アル子が台所でネギを刻んでいると、全国指名手配中の逃亡犯が窓ガラスを割って飛び込んでくる！　逃亡犯は元ＦＢＩ捜査官で、組織的な陰謀によって無実の罪をきせられ、命を狙われて我が家に逃げ込んだのだった。彼のケガの手当てをしながら、アル子はその鍛えられた肉体に体がカッと火照り、秘園がズクズクと疼く。そして思わず「あなたの屹立した怒張で私の淫穴をぐぶりと貫通して律動させて！」と叫んでしまう。台所で激しく求め合うふたり、飛び散るネギ。情事のあと、彼は真実を語り始めた――陰謀の黒幕は軍需産業の大物と共和党のネオコン議員であると。

私はどこの国の人妻なのか？　まあこういう妄想は楽しいものです。それを女友達と語り合うとさらに楽しい。

以前「歴史上の人物なら誰とやりたいか？」という話になりました。すると「武蔵と小次郎と3Pしたい」「だったら中大兄皇子と大海人皇子がいい」「チンギス・ハンとモンゴルの草原でアオカンしたい」とさまざまな意見が飛び出した。「千利休とはセックスじゃなくお茶したい」という意見も。興味深かったので、他の友人たちにもメールでアンケートをとったところ、「杉田玄白！　女体の構造に詳しそうだし、手先が器用そうだから」というターヘル・アナトミアな意見や「天草四郎の妻となり、ともに戦って日本の歴史を変えたい」といった壮大な意見も。「トロイのアキレスにテントで犯されたい」と神話にさかのぼる者もいました。中でも笑ったのが「私は歴史に詳しくないし、時代劇とかも観ないけど……**しいていえば、鬼とやりたい**」。

それ時代劇じゃなく昔話やん。たしかに鬼はマッチョだけども。とはいえ青鬼と赤鬼との3Pで抜ける女性は少ないでしょう。

そこで実用性のあるオカズとしておすすめなのが、レズビアン物のAV。AV男優って黒光りした亀田父みたいなタイプが多いじゃないですか？　私は亀田父みたいな男優のブリーフ姿とか見ると「なんでこんな汚いもの見なきゃいけないんだ」とげっそりしてしまう。もっと美しいAVはないのか？　と考えて「男優の出てこないレズビアン物を見ればいいんだ！」とひらめいたのです。それに普通のAVは挿入とフェラのシーンが長くて退屈だけど、レズビアン物は全編前戯（「本番」っていかにも男が考えた言葉だけど）なので、抜きどころが多い。

彼氏や夫と観てもナイスなAVは『究極の快感スローSEX　芸能人　琴乃』。これは琴乃さんという常盤貴子似の女優さんと、鈴木一徹さんという女性に人気の男優さん（爽やかなジュノンボーイ系）がシンプルにやりまくる内容。AVにありがちな勢いまかせ・力まかせのプレイがなく、女性が求める「焦らし」「ソフトで丁寧な愛撫」が満載。女性は抜けるし、男性は勉強になるはず。

とにかく主演の2人が美男美女で、対面座位のシーンで「美しすぎます……！」と息を飲みました。もうね、2人とも肌が綺麗！　肌が綺麗なのよ〜！　（手首のスナップを効かせながら)。若者の肌を褒めたらオバサンの証拠だけど、まず乳りんの照りが違う。私も乳りんの照りを取り戻したくなり、風呂上がりに馬油を塗るようになりました。美容のモチベーションを上げるにもおすすめの作品。

皆さんも情報交換しながら、いろんなオカズを試してくださいね。おすすめのオカズ情報もお待ちしてまーす!

32　ヴァギナにペニスをぶっこみなさい!　と言われて萎える大和魂

レズビアンの友人Cちゃんは「アルもビアンになっちゃいなよ、楽しいよ!」とLの世界へ誘致してきます。

過去に男とセックスしたこともある彼女は「クンニはフェラの100倍楽だから、クンニとフェラがバーターなんて不公平」など、ためになる意見を聞かせてくれます。「男もゴーヤやバナナをくわえて女の苦労を知るべき」と主張する彼女いわく「クンニは絶えず汁が出てくるけど、飲まずに出せばいい話だし、なんといっても男の汁の方が100倍マズい」んだとか。私も男の汁のマズさなら知ってます。昔、フェラ中に彼氏に口に出されて、相手の口に出し返してやったら「何すんねん！」と言われて「おまえの出した汁やんけ!!」とキレ返したことも。

女が口に出されて喜ぶなど、夢風船の中でももっとも迷惑。するとCちゃんは「レズビアンとの3Pプレイって夢もすんごく迷惑！」と叫びます。「俺も交ぜてほしいな～とか男に言われるけど、冗談じゃない！　ほんとムカつく！　死ねばいいのに！」とボロカスにキレていました。また彼女は美人なこともあり、ビアンだとカムアウトすると「えーもったいない！」と男に言われるんだとか。「オマエがセックスできへんからオマエがもったいないいんやんけ！　オマエ目線で語るな！」とオマエオマエ言いながらキレていました。

そんな彼女は「ノンケの女子も同性とセックスしてみるといいよ、いろいろ発見があるから」とおっしゃる。

アル「発見というと？」

C「クリトリスでも、人それぞれ感じ方が違うの。先端が感じるとか、4時の方向が感じるとか。どんな愛撫が感じるかも人によって違うし」

アル「ほう」
C「快感は人それぞれってわかると『ちゃんと相手に説明しなきゃ伝わらない』って実感するから。そしたら『彼氏が下手』って文句も言わなくなるんじゃない？」
ほうほうええこと言うやないの〜とうなずく私。

女性読者から「彼氏の愛撫で血が出た」「痛くて泣いてしまった」といったメールをもらいます。血や涙がにじむまでガマンしてたら、そりゃセックスが苦痛になって当然。男性はAV由来の激しい愛撫をしがちだけど、彼らもそれが正しいと信じてやってるわけで、間違いを正さないとお互いに不幸になる。女性が本音を言えないのは「セックスで女は受け身であるべき」という価値観もあるのでしょう。それで痛くても言えずに「彼氏に気づいてほしい」とサインを送るけど、気づいてもらえない。
なぜなら日本のAV女優さんは「苦悶に耐えるような声や表情」をするから。「いや、ダメっ」と眉間にシワを寄せてシーツをつかみながら、男の愛撫に感じてじょじょに体を開いていく……というのが日本男児のエロ心に響く。一方、欧米の女優さんは「ああ〜ええわ〜」と微笑みを浮かべつつ、カッと目を見開いて「オーゴッド!!」と叫ぶ。

昔、ラブホで洋物のAVを観ていると、女優さんが「入ってる！ 堅くて太いモノが奥まで入ってる！ あなたのペニスが私の子宮の入り口をノックしてる！ イエース、カマーン!!」と叫んでて、となりの彼氏に「これで抜ける？」と聞くと「無理」と即答されました。

「日本の男は〝女が男にやられる構図〟じゃないと勃起しない、すなわち女を支配したいのだ」的な意見もありますが、日本人全体の嗜好なのでは？ と私は思う。というのもビアン向けのエロ小説サイトとか見ても、SM・凌辱・監禁モノが大人気。女子高生が女教師に無理やりやられて「堪忍……！」みたいな。どの時代の女子高生だ。ビアン物でも女が女にやられたがってるし、日本人には「お代官様、おやめください、堪忍……！」的なものに萌える遺伝子があるんじゃないか。それもジェンダーの刷り込みと言われれば、そうかもしれないけど。とにかく重要なのは、現実とファンタジーを区別すること。虚構に萌えるからといって、現実にそんなプレイをしたいわけではない。

精液を出されたら出し返す、あまり従順とはいえない性格の私も、ＳＭ官能小説をオカズにします。バレリーナのように片足をくって天井に吊るされる場面とかで抜きますが、現実には吊るされたくないし、股関節が外れるでしょう。乳首を洗濯バサミで挟まれる場面でも抜くけど、現実にされたら相手の金玉に１００個挟み返す。

読者から「彼氏のパソコンにハードなＳＭ動画が保存されていてショックを受けた」といったメールももらうけど「それは抜く用であって、あなたとしたいわけじゃないから大丈夫」と答えます。うちの夫の部屋にも「近未来、女が支配するアマゾネス国家が誕生し、男は奴隷として豚のように扱われ、ウンコを食べさせられる」というエロ漫画がありました。「これで抜けるの？」と夫に聞くと「俺はなんでも抜ける！　カッコいい？」と返されました。べつにカッコよくはないが、オカズとはそういうもの。夫に豚のようにウンコを食べさせられたい願望があるわけじゃなく、オナニーとセックスはまったくの別物。「どうして私がいるのにオナニーするの？」とショックを受ける女性もいるけど、オナニーは小腹が減った時にカップラーメンを食べて食欲を満たすようなものであり、妻の料理よりもカップラーメンが美味しいと思っているわけじゃない。

夫は何でも抜けると豪語するだけあって、部屋にはいろんなオカズがあります。付き合った当初、部屋にあった熟女モノのＡＶのジャケットを見て「ブス専でデブ専でフケ専……？」とめまいがしましたが、外国のエロ雑誌の「立てひざでバズーカのように巨乳をかまえる金髪女性のグラビア」を見た時に「ガンキャノンかよ」と呟きつつ、何でもアリなんだなと悟った。

ちなみに夫の部屋で『ＡＶ女優鼻フック選手権』なるＡＶを見つけた義母に「アルちゃん……本当に嫌な時は嫌って断るのよ」と真顔で言われた時は「大丈夫！　鼻フックとかされてないんで！」と慌てて否定しました。その後、義母に「もっとマシなものを観なさい、みっともない！」と説教されていた夫。

夫のオカズ話を男友達にすると「旦那さん、すごいなあ……立てヒザでバズーカとか、俺は無理だわ」と感心されます。日本男児の多くは「やったるで！」という戦闘的な女性より、「やられちゃった……」という受動的な女性を好むのでしょう。

ですので、セックスを求められて面倒くさい時は「さあ、ヴァギナにペニスをぶっこみなさい！　カマーン！」と叫ぶと、彼氏は萎えてくれるでしょう。パカッと股を開いて「リックミー！（舐めろ！）」と叫ぶのもオススメ。その時はDMC（デトロイト・メタル・シティ）のクラウザーさんを意識するといいでしょう。

私は倖田來未の『Lick me』という曲を聞いて「下品すぎるんじゃないか？」と言い、「おまえが言うな！」と友人一同につっこまれました。そういえば、倖田來未をオカズにする男性も少なさそう。あのベアクローみたいな爪は戦闘力高そうだもんな～うんうん。

33

美しすぎるラブドールに、乾杯&完敗……!!

ラブドール、昭和風にいうとダッチワイフ。

カラスヤサトシさんのエッセイ漫画を読んでいたら、ラブドールの最大手・オリエント工業のショールームを訪ねるエピソードが載っていました。ショールームに並べられたドールたちは今にもしゃべりだしそうなほどリアルで、その完成度に驚くカラスヤさん。オリエント工業の担当者は「ドールは単に性的なものではなく、リラクゼーション効果もあります」と説明します。ドールを乱暴に扱うと肌が裂けたりするため、破損に備えて修理を受け付けているものの、ほとんど修理の依頼はないんだとか。「皆さん愛情をもって大切に扱ってくださっています」と担当者。どうしてもドールと一緒に暮らせなくなった場合は「里帰り希望」と明記して送れば、供養・葬礼して処分してくれるそうな。私も興味を覚え、オリエント工業のHPを見てみました。すると……「ほんとに生きてるみたい！　しかも超絶可愛い！」。皆さんもよかったら覗いてみてください。「日本のラブドール技術は世界一ィイィッ！」と誇らしくなるはず。

ドールにはそれぞれ個性があり、奈々ちゃんはアンニュイで杏奈ちゃんは無邪気、茜ちゃんは気が強そう。自分と同じ名前のドールもいて、自分より5億倍可愛くて複雑な気分に。**「私だったら絵莉花ちゃん（フカキョン似）がほしいな〜」**と思いながらお値段を見ると、68万円……高っけえ!!

ドールは身長や肌の色やバストサイズも選べて、アンダーヘアも毛量多め・少なめなどカスタマイズできるそうです。指の関節まで動かせてポーズも自在に変えられる。「衣装コーディネイトもお好みで演出ください」と書いており、浴衣を着たり、ドレスアップして薬指に指輪をつけたドールの写真もありました。夏祭りの夜にはドールと並んで窓から花火を見たり、記念日には指輪を贈ったりするのでしょう。家に帰ったら美しいドールがいて、一緒にお風呂に入って（防水加工で入浴可能）セックスして添い寝して……「ものすごく情がうつるだろうなあ」と私は思った。

ドールの持ち主に彼女ができたら、どうするんでしょうか？　彼女が家に来た時に隠すのも大変そうだし（ドールは平均１５７センチ）、結婚ともなれば新居に連れていくのは難しそう。「ドールと別れたくないから彼女はいらない」という人もいるかもしれません。

逆に私が彼氏の家に行って、押し入れを開けてドールが出てきたら、びっくりして心臓が止まるかも。私はドールと暮らす彼氏を受け入れられるんだろうか？　と考えたら、案外受け入れられる気がします。個人的には、彼氏の部屋にＡＫＢの等身大抱き枕があるよりはマシ。ＡＫＢはべつに嫌いじゃないけど、抱き枕の売上の一部が秋元康に入ると思うと腹がたつ。

ある女友達は元彼の部屋に遊びに行った時、某宗教団体の仏壇があったそうです。彼女が「これって仏壇だよね……?」と聞くと「いや、和風の物入れだ」としらを切られたらしい。知り合いの女性も元彼がその宗教団体の信者で、同棲話が出た時に「仏壇をどこに置くか」でケンカになって別れたそう。それに比べたら、ドールといかに共存して暮らすか考える方がまだいい。ドールは「信者になって選挙協力してほしい」とか言わないし。

「自分もドールに家族の絆を感じて、彼氏の愚痴を聞いてもらったりするかも」とHPを見ながら妄想絵巻を広げていたら、夫が帰ってきました。夫に「キミはどの子がほしい？　この風ちゃんって子、もっさりしてて好みなんじゃないの？（わらべのたまえ似）」と言うと「べつにどれも好みじゃない」とおっしゃる。

アル「なんで?」

夫「なんでって、人形だから」

アル「それでもオタクですか、軟弱者!」

その後「女性向けのラブドールはあるのかな?」とネットで調べたところ、ありました。でもビニール風船みたいなボディに落書きみたいな絵が描かれた代物で、完成度の低さにガッカリ。オリエント工業さんの技術力を結集して、女性向けドールも作ってほしい。女友達に「どんなドールがほしい?」と聞くと「阿部寛!」という回答。阿部寛、身長189センチ。わが家に阿部寛を収納できるスペースはない。ラオウや承太郎はもっと場所をとりそうなので、フィギュアで我慢することにします。

唐突ですが、締切中って太るんです。引きこもりで運動不足になるうえ、顔を合わせるのは夫だけだし、その夫はデブ専だし。痩せなければ! というモチベーションが湧かない。

先日、がっつり晩ご飯を食べた後に風呂に入って、鏡に映る自分の裸に戦慄しました。「妊娠って女性だけが経験できることだし、子供が大きくなった時『あなたはママのこの中にいたんだよ』って見せてあげたくて……」と妊婦ヌードを撮る妊婦ぐらいの腹の出っぷり。

「こりゃいかん、自分のためにドールを購入するか?」とちょっぴり真剣に考えた私。

完璧ボディのドールが家にいれば、美へのモチベーションを保てるかも。同世代の方が目標にしやすいので、平子理沙ドールを希望します。もっと年をとったら、由美かおるドール。オリエント工業さん、よろしく検討お願いします！

34 今夜、コレを試しません！……だってバイブって面倒くさいし

昔、会社の後輩男子に「女の人って部屋にバイブとかあるんですか？」と聞かれました。

「私はあるよ、2本」と答えると、彼は「やったー！」とガッツポーズして「女の人の部屋にバイブがあるのが夢だったんです‼」。そんなのが夢ってキミ社会人として大丈夫か？　と心配になりました。でも周りの男性陣も「やっぱバイブあるんだな、ウッヒョー！」とハイタッチする勢いだったので、女の部屋にバイブがあると聞くと、彼らの胸は高鳴るのでしょう、ドモホルンリンクルを使った時のように。ドモホルンリンクル使ったことないからわからないけど。

エロコラムのネタにと友人に勧められ、『今夜、コレを試します　ＯＬ桃子のオモチャ日記』という本を読みました。

これは桃子さんという女性が69本のバイブを試した感想を綴った本で「桃子のアソコはぐっしょり。恥ずかしいくらい濡れてしまいました」「お豆がヒクヒクするのに合わせて、中まで痙攣しちゃう」とか、文章はわりと男性向け。でも女性目線のバイブの評価が載っていて、バイブ購入の際はかなり参考になりそうです。

そんな桃子さんが「これを嫌いな女子はいない」と一押しするバイブの名前が「ポコチン君4号」……もうちょっと他の名前はなかったのか。大人気のポコチン君シリーズだそうですが、完全に中学男子のセンス。私も「部屋にバイブあるよ、ポコチン君4号と5号！」とは答えづらい。

一方、ヨーロッパ製のバイブは名前もデザインもオシャレです。スウェーデン製の「イリス」やオランダ製の「ルーールー」とか、ぱっと見は雑貨のようにキュート。まあルーールーがオランダではポコチンって意味かもしれませんが。また、ヨーロッパ製のバイブは環境にも優しい。電池式ではなく充電式で、リサイクル可能な素材が使われています。アイルランド製の「アースエンジェル」というバイブは、なんと自家発電式。ハンドルを手で回して発電させる超エコバイブ。オナニーしながら温室効果ガス削減にも考慮するとは、さすが環境先進国……と感心したけど、4分間もハンドルを回さなきゃいけないなんて「自分は何をやってるんだ？」と虚しくなりそう。
ともあれ、この本を読んで「私ももっと真面目にオナニーしなきゃ」と反省しました。

私は面倒くさがりなので「わざわざバイブ洗ってパンツ脱いでオナニーして、その後またバイブ洗って乾かさなきゃいけないのか」と考えると、やる気が失せてしまう。この面倒くさがりな性格を直したいけど、直すための努力が面倒くさいので直らないと思います。著者の桃子さんはマメな性格なのでしょう。「ローションをお湯で薄めてほんのり温かくして、ベッドにタオルを敷いてバイブ遊びを楽しんでいます」という文章を読んだだけで「面倒くせえ」と呟いた私。しかし腐ってもエロ作家、バイブくらい使わんでどうする！　とおのれを鼓舞して、アダルトグッズのサイトを開いたところ……あまりの数にくらくら。世の中にはこんなたくさんのバイブがあるのか。

「エルドラド」「マタドール」「ファンタンゴ」などラテンの香りのするバイブもあれば、「一本多助」「極太の妻たち」「堺の名刀」など日本風味の漂うバイブも。勝手に名前を使って堺の職人さんたちは怒ってこないのか。「あの手この手」というバイブは、バイブと吸盤の組み合わせによって71手のイカせ技を繰り出すらしく、プリンス・カメハメ並みの技の持ち主。

騎乗位気分を味わえるバイブもありました。お風呂の椅子みたいなのにバイブが直立してついており、それにまたがってオナニーする仕組み。「バイブをはずしてインテリアとしても」と説明があったけど、そんなのインテリアに使う女いないだろ。しかも、お値段2万5000円……だったら百均で風呂の椅子買って自作するわ。

吸盤つきで壁にくっつけてバック気分を味わえるバイブもありました。それでオナニーしている最中に家族が入ってきたら……と考えるとゾッとしますね。ディルド（ペニスを模した張り型）もいろいろありました。直径6・5㎝、全長30㎝のディルドとか……30㎝といったら1・5リットルのペットボトルのサイズ。そんなの穴に収納できる人はいるのか？　しかもこのディルド、血管や亀頭のしわの細部までリアルに表現しているらしく、家にあったら怖いかも。髪の伸びる市松人形のように、夜中にちょっとずつ勃起して伸びたりして。……とか考えているうちに選ぶのが面倒くさくなって、サイトを閉じました。

やっぱり私は手を使ったオナニーをしよう！　堺の職人さんも手作業で包丁を作っているはずだ！

ところが数日後、彼氏と別れた女友達と飲みにいったんです。失恋話を聞いて慰めるのは、女友達の大切なつとめ。「さあ、好きなだけ呪詛《じゅそ》をお吐き！」と言うと、彼女はドバ――ッと呪詛を吐き切った後に「当分セックスできないし、高性能のバイブを買うわ！」と宣言。

「おすすめを教えて」と言われたので、やっぱりバイブ買うことにしました。それも女友達のつとめだろうし。ちなみに元彼のチンポの性能はイマイチだったそう。「イクふりはできても、愛してるふりはできない……」という言葉に「失恋した女は名言を吐くのう」としみじみ。

そして「マンドリアン・ドット」というバイブを購入しました。桃子さんの本でも評価が高かったし、見た目がチンポっぽくなかったから。ボーリングのピンのような形で、表面全体にブツブツがついていて、ブラマヨの吉田を思わせるルックス。「マンドリアン・ドット」は上下にWのバイブレーション機能がついており、Gスポットとクリトリスを同時に攻められる設計。グイッと押しこめば、ポルチオ（子宮の入り口）も刺激できます。

して、使ってみた感想は……桃子さんは「隠微な刺激に身を委ねていると、桃子、このバイブと一体化しちゃったような、奇妙な錯覚に襲われちゃったの。どこまでが桃子の壁で、どこからがバイブなのかわからない……」と詩的に綴っていましたが、私の感想は「まあまあやな」。

私の文章力が低いのか、はたまた穴の感度が鈍いのか。買ったばかりでイマイチ使いこなせてないのもあるでしょう。何度も試して「僕が一番うまくマンドリアン・ドットを使えるんだ！」とアムロのように言えますように。

桃子さんは「バイブがあれば本物はいらなくなるのでは？　という質問をよくいただきますが、桃子に言わせればこれはまったくの愚問。バイブを使えば使うほど『やっぱり本物がイイ』と感じるようになるの」と書いていますが、機能面だけでいえば、やはりバイブが上でしょう。中折れもしないし、ものによってはクリトリスとGスポットとポルチオを同時に攻められるし。そんなに持久力があり、かつ複雑な動きができるチンポは存在しない。とはいえ、ずっとやりたかった男とやる時などドモホルンリンクルどころじゃなく胸が高鳴るので、要は気持ちの問題ですね。オナニーはみずから気持ちを高めなければならないため、質の良いオカズと妄想力が必要。

『SATC』にこんなエピソードがありました。「生身の男よりバイブの方がいいわよ、確実にイケるし」と主張するミランダに、シャーロットが「でもバイブは誕生日に来てくれないし、花も贈ってくれないし、親にも紹介できないじゃない！」と言い返す。たしかに「これが私のバイブなの♪」と親に紹介したら「病院にいこう」と腕をつかまれるでしょう。そんな風に言っていたシャーロットですが、ミランダに勧められてバイブを購入します。そのバイブが映った瞬間、私は「おっ、あれは『トンネル工事のうさぎさん』?」と身を乗り出した（ラブグッズのサイトで見覚えがあった）。その後「シャーロットったらメイド・イン・ジャパンのラビットってバイブにハマっちゃったのよ〜」というセリフがあり「やはり日本製品か！」と誇らしくなった私。

結局ラビットにハマりすぎて引きこもりになったシャーロット宅に女友達が押しかけてラビットを没収するのですが、その時のシャーロットのセリフが「バイブを使う方が外で男を探すよりも楽だもの！」……わかる!! 外で男を探すには化粧して出かけなきゃいけないし、やりたい男なんてそう簡単に出会わないし、出会っても下手だったりするし、それをイチから仕込んだりして大変。アバズレだって苦労してるんですよ。

「オナホールがあれば生身の女はいらない」という若者に「情けない、生身の女相手に勝負しろ」と言うおじさんは多いけど、「テメーが勝負してみろよ！ そんな簡単じゃねーんだよ！」とヤンキー口調になる私。そういうおじさんは女が勝負しようと生身の男を探しにいくと「けしからん」と言うのでしょう。ほんと大人って勝手だよな!!

と十分すぎるほど大人なのに若者ぶったら、疲れました。そんな時は家でゆっくりオナニーしよう。実際にオナニーをよくしている時の方が、体調がいい気がします。オーガズムに達すると骨盤内の血流もよくなるらしい。

女友達が「オルガスター」というバイブにハマって「健康になったし、仕事の能率も上がったし、貯金も増えた」と語っていました。早く家に帰ってオナニーしようと思うと仕事も集中して片づけられるし、飲み会の誘いも断るため、健康的な生活になり支出も減ったんだとか。開運ブレスレットとか買うより、バイブを買った方がいいかもしれません。

私も面倒くさがらず、いろんなバイブを試してみよう。それで今後も男をガッカリさせるエロコラムを書くぞ、オー！（バイブを天高く掲げながら）

アルテイシア×金田淳子

夢豚と腐女子が語る、エロスの歴史

金田淳子　社会学研究者。やおい・ボーイズラブ・同人誌研究家。1973年富山県生まれ。東京大学大学院人文社会系研究科博士課程単位取得退学（社会学）。共著に『文化の社会学』（佐藤健二・吉見俊哉編著、有斐閣）所収の「第七章　マンガ同人誌　解釈共同体のポリティクス」、『オトコのカラダはキモチいい』（二村ヒトシ・岡田育・金田淳子、KADOKAWA、2015）。後者は2017年12月に増補文庫版が発行。

アル　本日は「エロトークして笑おう！」というざっくりした対談なのですが、やはり金田さんと言えばアナルですよね（★1）。

金田　アナル関連といえば、ツイッターで見たんですけど、同人誌の作者さんに、読者の方からメールか手紙が届いたらしく。その内容が「あなたの作品で、とてもびっくりしました。特殊なプレイが出てくるならそう書いてください。男性のお尻の穴に性器を入れたので、とてもびっくりしました。男性にはちゃんとした穴があるんですよ」というようなものだったそうで、衝撃を受けました。1万RT以上されていたので、この対談の読者にも、目にされた方がいるのではないかと思います。

アル　えっ、いわゆる「やおい穴派」ということですか？　でも、やおい穴って概念ですよね？

金田　私は、この話自体が20年ぐらい前のことか、もし

★1　金田淳子といえばアナル。ツイッターアカウント@kaneda_junko では折に触れてアナル関連情報を呟いている。金田とメールのやりとりをする関係になると、挨拶や名乗りが「アナル」になっていくのは有名。詳しくは『オトコのカラダはキモチいい』増補文庫版を読んでほしい（宣伝）。以下、注はすべて金田が担当。

くは、現代ならたぶんとても若い方、中学生以下の方なんじゃないかな～と推測しています。というのも、私もリアルに中二ぐらいまで、女性向けに描かれている耽美小説や同人誌の中で、男同士の性行為で何が行われているかわからなかったから。

現代でもそういう人がいるとしたら、かなり味わい深いんですが、考えてみれば、激しいエロ描写のあるBLや同人誌で、股間の穴がはっきり描かれていても、それについて「肛門」「アヌス」「アナル」（★2）などと名称を記述することはあまりないと思うので、もしかすると「やおい穴」が実在すると考えてしまう読者もいるのかもしれません。それで、はっきりと「肛門」と書いてある作品に初めて触れて、「えっ、肛門!?」とびっくりしたのかなと。

個人的にはこの方の、「やおい穴」についてのファン

★2　金田は、穴を思わせる語感が好きなので「アナル」という言葉を用いているが、アナルは形容詞なので正確には誤用である。さらに英語できちんと発音すると、名詞「エイナス」、形容詞「エイナル」が正しい。テストに出たときは気をつけよう。

タジー自体は、笑い飛ばすというよりは、なかなか得難い体験なので、大切にしてほしいなという気持ちがありますね。

アル　サンタクロースみたいに、夢を大切に抱いていていてほしいですね。

金田　この方が、「やおい穴」があると妄想を持ったせいで、現実の男性に対して何か失礼なことをするとかも考えにくいですし。数年経ったら、本で学んだり、友達に訂正されたりして、どうしても真実を知るはずなので。

アル　ちょっと開けて見てみるとかないだろうし。

金田　まあ、この方の年齢や性格にもよるでしょうが、これほど三次元情報にオクテな女性が、たとえ恋人関係だとしても、男性の股間をパカッと開けて、「穴ないじゃん！」「病院に行きなよ！」などの、面白い言動をするとかいうことは、考えにくいですね。もうとにかく、「男性にはちゃんとした穴があるんですよ」という発言が甘酸っぱいなと。いい発言を教えてもらったな、と思っています。

ただ私としては「アナルがちゃんとしてない穴だとでも言うのか⁉」と問い詰めたい気持ちもあるんだけど（笑）。

アル　私自身は、男同士のBLは完全に他人事のファンタジーとして楽しめるところが好きなんですよ。だから「その角度で肛門に入れるのは無理だろう」とか固いこ

★3　寿たらこが2003年からリブレ（当時はビブロス）で連載しているBLコミックで、2017年9

と言わず、大らかに楽しみたいなと。

金田　それこそ、男性が妊娠する設定や展開のあるBLも珍しくないですしね。「男妊娠」というアイデア自体は、耽美小説や、二次創作やおい同人誌の黎明期から存在すると思いますし、近年だと、寿たらこさんの『SEX PISTLES』シリーズ（★3）や、さらに英米圏のドラマ二次創作由来の「オメガバース」（★4）という世界観では、妊娠・出産に至る生物学的な仕組みがそれなりに説明されています。ただ、私が未見なだけかもしれませんが、男性が妊娠して臨月になった体形とか、出産シーンそのものは、萌えどころではないとされているのか、女性向けでは描かれないことが多いですね。

ですが一度だけ、男性向けジャンルの同人誌だと思う

月現在で9巻まで発売されている。猿人でなく別の種から進化した「斑類（まだらるい）」という設定を軸にした物語で、斑類は人類よりも優れているが繁殖力が弱いため、同性間で受精、出産できる科学的な方法が発明されたことになっている。

★4　英米圏のドラマの、ネット上でのファンフィクションで創作され広まった設定で、人類が男女とは別に、先天的な能力差によってα、β、Ωという3種類にも分けられ、Ωは男性でも妊娠できる、などの設定がある。この設定、またはアレンジした設定を用いた商業BLが日本でも2015年から出版されている。

のですが、「ショタ（★5）出産」のシーンをメインとして描いたコミックを見たことがあります。

アル　ショタ出産！

金田　その世界では「ショタが妊娠するのは神様が与えた子ども」という設定になっていて、細かいところまで詰めているな〜と思いましたね。

アル　処女懐胎ならぬショタ懐胎ですか。どうしても「どこの穴から産んで、産道はどこなんだろう？」と気になってしまいます。

金田　基本はアナルから産んで、アナルの奥に子宮のようなものが繋がってる、みたいなイメージですかね。

★5　「ショタコン（正太郎コンプレックス）」は、横山光輝『鉄人28号』の主人公・金田正太郎のような、ローティーン（または10歳以前）の二次元少年キャラクターを愛する嗜好として、1981年頃にファンコミュニティで生み出された言葉。転じて、そのような少年キャラを「ショタ」と呼ぶようになった。ここで金田が説明している同人誌のキャラクターは、見た目はショタだが、どのような年齢設定か不明だったので、設定上はショタではなかったかもしれない。

アル　じゃあ直腸はどこに？

金田　たぶん肛門があって、直腸から大腸に繋がるところに横穴があるのかなと。いやまあ、そこまで詳しい設定は、その時見た作品には描いてなかったんだけど。先述の『SEX PISTLES』とかでも、たぶんそういう、ふわっとした感じで肛門の横穴に子宮があるんじゃないかな。

アル　横穴（笑）洞窟みたいな。

金田　そんなぶっとんだ設定だけど、女性の一般的な出産ものみたいに、完全にシリアスタッチで描かれてるんですよ。ショタが産気づくと周りの成人男性たちが「がんばれ!!」と励まして、ショタも「ひっひっふー」と必死でいきむ。そのかいあって、アナルからオギャーと出てくると「やったー！　元気な子だぞー！　母体も無事だー！」とみんなで喜ぶ、みたいな感動の展開でした。その一瞬後に、「何を読んでるんだ私は……」と冷静になるんですすが。

この作品は、厳密にはBLジャンルではないと思いますが、男性の出産シーンがまじめなタッチで描かれること自体が珍しいですし、この他に挙げるとすると、シュワルツエネッガー主演の映画『ジュニア』（1994年）（★6）しか知らないので、いろいろツッコミを入れつつも、私は感動しました。

アル　たしかにBLって喜怒哀楽のすべてを味わえますよね。金田さんもよくおすすめされている、桑原水菜さ

★6　アーノルド・シュワルツェネッガー演じる研究者が、新薬の開発のため、自らの体を実験台として妊娠・出産するというコメディ映画。妊娠によって心身が変化していく様子や、周囲の友人の支援、人間関係の変化などがコメディタッチながらも繊細に描かれる良作。ゲイフォビア的なシーンがあることだけが残念。

ん（★7）の『犠牲獣』（リブレ、2011）もぶっとんだ設定ですが。

金田　あの設定は秀逸ですね。祖国を攻めに滅ぼされた受けが、復讐のために国王である攻めを暗殺しようとして、素性を隠してがんばって儀式の相手に選ばれる。そして七日七晩、国王に抱かれるわけですが、ベッドで国王を殺そうとする技がすごい。肛門括約筋でチンチンを締めてちぎろうとしたり。

アル　そう、そのために訓練してきたんですよね。「トウモロコシぐらいなら簡単にへし折れる」とか書いていて、爆笑しました。それなのに、最後はめちゃめちゃ泣けるという。

★7　代表作『炎の蜃気楼《ミラージュ》』シリーズ（集英社コバルト文庫）は90年代から続いており、アニメ化、舞台化もされた超人気作品。戦国時代の武将たちが姿を変えつつ現代まで霊的な戦いを続けているという伝奇的物語の面白さもさることながら、男と男の下剋上、激しい愛欲が描かれ、多くの女性ファン（ミラジェンヌ）を生んだ。戦国の史跡に聖地巡礼する女性は今では珍しくないが、そのさきがけとも言える作品。

金田　そうですね。括約筋でチンチンちぎろうとしてたのに、最終的には泣けるという。ＢＬは2人の関係がどう深まってくかを丁寧に描く作品が多いですから。

アル　単純に「これオモロイな！」と笑ったプレイとかはありますか？

金田　これはかなり前に2ちゃんねるで、過去に読んだ面白いやおい同人誌の内容を話し合うスレッドで見たものですが、「攻めが、寝ている受けのアナルに、目覚まし時計を入れておく」というものが。

アル　あははは（笑）。それは受けを起こそうと思ったんですか？　朝8時にモーニングコール的な。

金田　いえ、Hないじわる的な感じで、朝になるとジリリリリと目覚ましが鳴って振動して、それでアーンと受けがもだえる、こいつはたまらん、という話だったみたいです。その目覚まし時計の大きさや形状がすごく気になりますが……。

アル　普通は入れられてる最中に起きますよね。

金田　すごく深く熟睡してたとか。

アル　そこまでのノンレム睡眠は存在するのか（笑）。でも目覚まし時計を利用するのはアイデアですね。他にアナルに入れる系で珍しいものはありますか？

■すべての証拠はアナルから

金田　全くBLではないんですけど、北欧のミステリーで、ツイッターの相互フォロワーさんに教えてもらったんですが、死体の指を切断して、自分のアナルに入れる、というのがありました。

アル　えっ、なんで？

金田　これは完全にネタバレになってしまうので、「北欧ミステリー」「ジョー・ネスボ」（★8）という情報でピンと来て、ネタバレを避けたい方は、292ページの半ばくらいまでは見ないようにしてください。

犯人が被害者を殺害した後、ついつい遊び心というか最後のプレイとして、指を切断して、自分のアナルに入

★8　ノルウェーの小説家。「ハリー・ホーレ」シリーズを中心に人気を博しており、国内外で数々の受賞歴がある。ここで金田が説明している作品は2003年発表の『悪魔の星』（2017年に集英社文庫で日本語訳が刊行された）。

れる。しかもその後、その指を警察に送りつけるんですよ。警察の科学捜査班がその指を調べたら爪の中に残留物があって、それがうんこだとわかる。

アル まあそうなりますよね。

金田 しかもうんこの中に、血液と、消化しにくい食材が残っていて、どんだけ証拠入っとるねんっていう。被害者の夫は、日常的に指をアナルに挿入してもらっていたことを認めているんですが、問題は、その食材を食べたのが犯行当日の朝だということです。そして昼の14時には被害者が殺害されている。食材が直腸に至るまでには8時間ほどかかるので、この夫が犯人だということがわかるんです。

アル　警察の捜査も便頼みな感じですね。

金田　すごく便頼み。でも被害者の指をアナルに入れるという発想が斬新で、全体として、構成もキャラクターもすごく良くて面白かったです。ジョー・ネスボという、世界的に人気のあるノルウエーの作家なんですが、私はアナルから入りましたね、ネスボには。

アル　アナルだけにね。入りますよね、やっぱり。

金田　もちろん入らざるを得なかったんですよ。

その他の海外のアナルネタでいうと、90年代のアメリカのゲイポルノが日本で翻訳されているんですが、「肉のシャフトを（受けの）故郷まで届けとばかりに猛烈に突っ込む」（★9）という表現があって、しびれました

★9　アメリカのゲイポルノ作家アーロン・トラヴィスが1993年に発表した『美しい獲物』（風間賢二による日本語訳は1994年）より。白夜書房が90年代半ばに、「ラヴェンダーロマンスシリーズ」と銘打って、アーロン・トラヴィスやジョン・プレストンら、アメリカのゲイポルノ作家の作品を翻訳したが、そのうちの一冊。

ね。ちなみにその小説の舞台はベイルートで、受けはアメリカ人で、故郷までは5000マイル離れているという記述があります。

アル 5000マイル離れた故郷まで！　だいぶ遠い（笑）

金田 「見上げたもんだな、アメリカ魂」と思いましたよね。さすが90年代に書かれたアメリカンポルノはハードコアだぜって。

■アナルの歴史、アクメの意味

アル アナルの歴史についてもうかがいたいです。金田さんは古代ギリシャ研究家の藤村シシンさん（★10）と

★10　聖闘士星矢への愛をこじらせて、古代西洋史の道に進んだ、古代ギリシャ研究家。推し神はアポロン。2015年10月に刊行された『古代ギリシャのリアル』（実業之日本社）は、マニアックな題材にもかかわらず、すでに6刷を重ねており、今世紀中には100刷も夢ではない。ツイッターアカウントは、@s_i_s_i_n。氏が主催しており、金田も司会として参加している祭儀「古代ギリシャナイト」のHPは https://ancient.gr

よくお仕事されてますが、お二人の話を聞いていると本当に面白くて。

金田　古代ギリシャの詳しい話は、シシンさんの『古代ギリシャのリアル』が一番面白いしわかりやすいので、ぜひ読んでいただきたいです。古代ギリシャといえば男性同性愛が盛んなので、アナルセックス中心かと思いきや、メインは素股らしいんですよ。完全なる男尊女卑社会なので、女扱いされることは非常に不名誉だったらしく。なので自分の体にある穴、口や肛門にチンチンを入れられるのは恥辱だったようです。

アル　だから素股というのも、理屈が合ってるのかなんなのか（笑）。

金田　素股は古代ギリシャ語でディアメリゼインというそうです。

アル　ディアメリゼイン、必殺技みたい！

金田　ちなみにアナルはプロクトス、アナルセックスはピュギゾー、フェラチオはライカゼイン。その辺りはシシンさんが全部教えてくれて、古代ギリシャのエロ用語だけはすごいわかるんですよ、私。

アル　ギリシャに旅行しても困らないですね！

金田　ただ古代ギリシャ語と現代ギリシャ語ってかなり違うらしいんですよ。でも中には同じままの言葉もあるらしく、たとえばアクメがそれだと。

アル　アクメ！　アクメは「オーガズム」の意味なんですか？

金田　もともとアクメは「絶頂」という意味らしいんですが、転じて性的な意味にも使われるようになったらしいです。でも元々は単に「絶頂」なので、「人生の絶頂である40歳に達した」という言い回しがあるそうです。なので44歳の私は、アクメに達して4年経ちます。

アル　あはははは（笑）。じゃあ「君も39歳か、そろそろアクメに達するな」「まあ若い、とてもアクメに達してるようには見えない」みたいな言い方もできるんですね。

金田　そう、これはぜひ使っていきたい言葉ですね。

アル　素股メインのギリシャより、日本の方がむしろアナルがお盛んだったのかもしれませんね。

金田　お盛んだったと思いますね。寺院や貴族、武士層で盛んだったという記録がたくさんありますが、江戸時代になると庶民の描いた、性にまつわる文献も多く残っていて（★11）、男色心得のような文書の中に「性交中に便が出てもびっくりするな」とか書いてある。

アル　あははは（笑）。便が出てくる覚悟で臨めと。

金田　まあびっくりされても困るよね。べつに「なんだろう？　この穴」とか思って入れてるわけじゃないんだ

★11　これについて金田が参考にしているのは、渡辺信一郎『江戸の色道　―古川柳から覗く男色の世界―』（2013年、新潮選書）。

し、肛門とわかってるくせに「えっ、便⁉」みたいな反応されたら、掘られる側もキツいじゃないですか。

アル　たしかに（笑）。お前が掘るから出るんじゃ！っていう。でもシャワー浣腸とかもできる環境じゃないし、ウンコも付きっぱなしみたいな？

金田　全体的に衛生環境がそんなにいいわけじゃないので、もしかすると「口にさえ入らなければ、臭わなければ大丈夫」みたいな感じかもしれません。

アル　はあ〜昔の人はたくましいなあ。

金田　「紙でよく拭いて、自分の小便や、焼酎で洗浄しろ」みたいなことは書いてますけど。ただいくら洗っても毎日のようにやってると、チンチンの先が黄色くなるんだって。便で染色されてしまうらしい。

アル ターメリックみたいな? たしかに便器も黄ばむし、人体も黄ばむんですね。

金田 「アナルセックス中は受けの屁の出どころがなくて困る」みたいなことも川柳に書かれてます(★12)。そういうおもしろ文献が明治の初めぐらいまでは死ぬほどあるんですが、そのあと、同性間の性行為が公的に禁止されてしまって状況は変わってくるんですよ。

アル なるほど……アナルの歴史、勉強になります! 本書の中で「歴史上の人物なら誰とやりたいか?」みたいなトークがあって「武蔵と小次郎と3Pしたい」「だ

★12 ★11の参考文献に同じ。

ったら中大兄皇子と大海人皇子がいい」などと語ってるんですが。

金田　それを読んで「歴史上の人物に対して、そこまでイマジネーションがあってすごいなあ」と思いました。

アル　金田さんは夢発想はあまりないんですよね？

金田　夢発想はたしかにないなあ。誰とやりたいかと聞かれたら、うーん……時代を挙げるなら弥生時代とかかな。これはべつに「やおい時代」にかけてるわけじゃなく、ほぼ身分差がないような時代じゃないと人間扱いしてもらえない気がするんですよ。自分が過去の歴史上に存在したら？　という想像をする時に、私は、まあ平民だろうなと思うわけですよ。すると「あ、殺される」と思うんです。

アル 現実的なんですね。乙女ゲーとかだと、平民の娘が信長と恋に落ちたりするじゃないですか。

金田 でも恋に落ちた後、ちょっとしたことで斬られて殺されそうじゃないですか。

アル どうしても殺される発想になるんですね（笑）。

金田 やっぱり現実的になっちゃいますね。かたやアルテイシアさんは、10代の頃から夢小説を書かれてたんですよね？

アル そうなんです、私は生粋の夢豚なので。それでは、懐かしのオカズ話などもしてみましょうか。

■夢とやおい、両者の黒歴史

アル　我々が10代の頃は手軽にオカズが手に入らない時代でしたよね。なので自給自足、地産地消というか、自分でオカズを作ってました。中学時代は『BANANA FISH』（★13）の登場人物全員とやる夢小説を書いてましたね。

金田　え、かっこいい！

アル　全員と言ってもゴルツィネとかとはやらないんだけど（笑）。というかヒロインの私は凄腕の女暗殺者で、もともとゴルツィネ側の人間なんです。

★13　吉田秋生が85〜94年に『別冊少女コミック』（小学館）で連載していたマンガで、同時代のニューヨークの裏社会が舞台。並外れた美貌と才能を持つ少年アッシュは、幼年期から凄惨な性暴力、虐待を受けて育つ。やがてアッシュは育ての親であるマフィアのボス・ゴルツィネと対立するようになる。死闘の中、平凡だが純粋な日本人少年・英二との偶然的な出会いが、彼の心を救っていく——。男女問わず幅広い層に今も人気の作品で、吉田秋生画業40周年を記念し、MAPPAにより地上波アニメが制作され、2018年にフジテレビ系列で放映されることが決定。この対

金田　ゴルツィネ側なんだ！

アル　そう、最初は敵同士だったのが「こんな強い女は初めてだぜ」みたいな感じで恋に落ちる話なんです。キャラごとにルートがあって、私はシンルートが一番のお気に入りでした。

金田　私もシンが一番好きだった！　ただ、やおい的な目で見てたけど。

アル　シン×ユーシスみたいな感じですか？

金田　シンに関して言えば、カップリングしたい相手がいなかったんだよね。だから路地裏になっちゃうんだけ

談に出てくる「シン」と「ユーシス（月龍）」は、同作品で活躍する中国系マフィアの少年たち。

ど。

アル　路地裏でモブにやられる。

金田　そう、もしくはゴルツィネかな。捕らえられて「ひっひっひ、こんな跳ねっかえりの子猫ちゃんもいいもんじゃ」みたいな。

アル　ああ～やっぱり違いますね。私は夢だし、金田さんはやおいだし。

金田　でも夢もいろいろだなということを、最近学んでいるんですけど、たとえば、アルテイシアさんの妄想では、「夢」と言いつつ、ヒロインは自分ではないわけですよね。

アル　そうなんですよ。自分のなりたい自分なんです。

金田　それは結構わかるかも。私もいい男が少ないなと思った時に、自分がなりたい男キャラを作ってやおいにすることもあるんで。

アル　やっぱり現実の自分だったら「いやいやいや」って。

金田　「いやいやいや」ってなるよね。

アル　「いやいやいや、私なんかに手を出すようなお前じゃないだろ、見損なうぞ」みたいな。

金田　そうそう、それに単純に世界観がおかしいだろって気持ちになるし。

アル　現実の自分は英語もしゃべれない兵庫県に住む中学生だから。

金田　なんで兵庫県に住む中学生がアッシュと接点があるんだって。

アル　ニューヨークのスラム街とか行ったら一瞬で撃たれて死ぬぞみたいな。まさにモブで殺される役。

金田　自分は完全にモブですよ、ヒロインではない。

アル　私は乙女ゲーの仕事もたくさんしてきたんですが、

ヒロインは平凡な女の子という設定が多いんですよ。それは個人的にはあまり面白くなくて、趣味の妄想では自分が女将軍だったりとか。

金田　いいね。私もそういうのがいいな。

アル　中学の地理の授業中とか、ずっと妄想してましたね。女将軍の私は全国津々浦々から逆大奥のメンバーを選抜するんですよ。兵庫県だったら播州そろばんが名物なので、計算が超得意な男子とか。

金田　やだ素敵！　私もそうしとけばよかったな。地理すごい苦手でさー。

アル　47人のメンバーが津軽三味線や阿波踊りや博多ど

んたくで宴会を盛り上げてくれるんですよ、女将軍である私のために。みんな私の寵愛を得るために、いろんな捧げものをくれるんです。

金田　「グルメ勝負なら負けないぜ、俺んところは米がすごい！」みたいな。

アル　そうそう、福井県だったらカニむくのめっちゃうまいとか。

金田　すごいな〜！　地理に関しては勉強のやり方がわからなかったから、30年前に知りたかったな。

アル　むしろ授業を全然聞いてないので、成績は最下位クラスでしたが（笑）。中高時代はひたすら妄想に費やしてました。

金田 その間の妄想によって培われた土台があるんでしょうね。

アル そうなんです。そこで鍛えた妄想力が乙女ゲーの仕事にも繋がったので。金田さんもご自身でオカズを制作されてたんですよね？

金田 富山県に住む中学生は同人誌とかもそう買えないんで、自分で自分のために書くエロ小説で補給してました。

アル その頃から一貫してやおいですよね？

金田　そうですね。小学生の時に『風と木の詩』（★14）や『パタリロ！』（★15）を読んで「これって男同士なんだ……だが、それがいい！」と思った時から、ほぼ一貫して好きなのは、やおいなんで。

アル　具体的にはどんな小説を書かれてたんですか？

金田　中学の時に書いてたのは、霞が関コンツェルン総帥の16歳の超絶美少年が主人公で、かっこいい執事がいて。私、執事が流行ってなかった頃から、執事がすごい好きだったんですよ。

アル　おお～執事なんて見たこともないのに。

金田　見たこともないのに先取りな感じで、執事が美少

★14　竹宮惠子が76～80年まで「週刊少女コミック」（小学館）、81～84年に「プチフラワー」（小学館）で連載していたマンガで、19世紀のフランスが舞台。不幸な生い立ちから、性愛に極端に飢え、男を誘惑せずにはいられない美少年ジルベールと、寄宿舎で彼と同室になった転校生セルジュとの、数奇な運命を描く。60年代末から少女マンガで萌芽した、いわゆる「少年愛」「耽美」と呼ばれる表現ジャンルの代表的な作品。現在のBLのように直接的な表現ではないが、男性どうしの性行為シーンも多く、小学生の金田に強い影響を与えた。

年の総裁にかしずいていて。やがて2人は国家的な陰謀に巻き込まれていくんですが、どうしてもその国家的な陰謀を描くのがしんどくなるじゃないですか。

アル　わかる（笑）。そこで限界がきますよね。

金田　そう、それでまた別の異世界ファンタジーを書き始めたんだけど、主人公の名前はソレイユ・ヴァン・コンシエルジュ。

アル　コンシエルジュ！　あーっはっは（爆笑）。

金田　中学生の私はフランス語に対する漠然とした憧れがあって、図書館で借りた『パリの歩き方』みたいな旅行ガイドを見て「コンシエルジュ……この響き、かっこ

★15　魔夜峰央が78年に「花とゆめ」（白泉社）で連載をスタートさせたギャグマンガ（現在は白泉社のマンガアプリ・マンガPａｒｋにて連載中）。竹宮惠子や萩尾望都らが描いた「少年愛」「耽美」マンガの影響を強く受けており、パロディ的な表現も多い。主要キャラであるバンコランとマライヒは男性どうしのカップルだが、作中で子どもが生まれている。男性どうしの性行為シーンも多く、こちらも小学生の金田に強い影響を与えた。

いい！」と思うわけですよ。富山県に住む中学生はコンシェルジュなんて見たこともなかったから、もう言葉の響きがたまらないわけですよ。でも東京に出ていい年齢になってから、「街のコンシェルジュ」みたいな不動産屋の看板とか見るたび、鋭く胸を刺される。

アル　ソレイユが浮かんで（笑）。

金田　ソレイユ・ヴァン・コンシェルジュがこんなところに。天才と名高い大国の宰相であったソレイユ・ヴァン・コンシェルジュが。

アル　コンシェルジュ以外はどんなキャラが出てくるんですか？

金田　私の中で一番エロいキャラは、コンシエルジュの部下で、彼以上のスピードで昇進した、15歳の将軍ですね。若くして将軍になった彼は貧民街からのしあがった美少年で、過去にはいろいろある。男娼として体を売ったり、もちろん路地裏もある。で、その話には3つの国が出てくるんだけど。

アル　魏、蜀、呉みたいな感じで。

金田　そんな感じで、コンシエルジュの国は内乱が起きてるのね。他の2つの国は戦争中で、片方の魔導王国には4人の生まれながらの魔導将軍がいて、うち2人は超絶美形の双子（笑）。

アル　私の逆大奥にも超絶美形の双子がいた（笑）。城の庭で3Pとかやってたな〜。

金田　うちの双子は共依存的関係にあって、兄の方が弟の純粋性を守ろうとして、弟の代わりに幾多の男たちに身をあずける。

アル　やだ素敵！　その小説、読んでみたい。

金田　今読むと笑いどころ満載だと思うんで、とって置いたらよかったと思うんですが、大学の寮から引っ越しする時にそのノートを発掘して、泣きながら破り捨ててしまったので。

アル　私も『BANANA FISH』の夢小説を捨てちゃった。JJ（熟女）になった時の楽しみのために、残しておく方がいいですね。

金田　もう40を過ぎると、恥ずかしさよりも面白さが勝つよね。

アル　黒歴史も笑える歴史になりますよね、アクメに達すると（笑）。

金田　そう、アクメに達すると過去を笑い飛ばせるようになる。このように「アクメ」を普段使いしていきたいですね。

アル　「アクメに達してすっかり性欲が衰えた」とか。今後はＪＪ会のことをアクメパーティーと呼びます！

第3章　41歳のエロス

35 「子宮をとってもビッシャビシャ！」子宮全摘1周年記念①

40歳になったら子宮をとろうと思っていた。

計画どおり、約1年前に子宮筋腫の根治のため、子宮全摘手術を受けた話を書こうと思う。

成人女性の3人に1人は子宮筋腫があると言われ、私のまわりも「検診で見つかった」「今は経過観察中」という筋腫シスターズが多い。

私も28歳の時にファースト筋腫発見、それ以降、書籍やネットで情報を集めてきたが「知りたい情報がないやんけ」と思っていた。「自然療法やスピ系の話はやたらあるのに、セックスの話がないやんけ」と。

セックスと密接に関わる病気なのに、まともな情報が少ない。これは物書きとして書くべきでは？　と思い、術後1年間、己の下半身と向き合ってきた。

あくまで一個人の体験だが、「子宮をとってもビッシャビシャ！」「我がGスポットは健在なり！」みたいな話を聞く機会はあまりないと思うので、少しでも誰かの役に立てば幸いだ。

子宮は誤解されがちな臓器で、卵巣と区別がついてない人も意外と多い。私も「子宮をとると女性ホルモンが出なくなるんでしょ？」とよく聞かれた。

子宮は赤ちゃんを育てる袋であり、女性ホルモンを分泌するのは卵巣だ。だから子宮をとっても卵巣が残っていれば、女性ホルモンの分泌に影響はないし排卵もする。と説明しても「でも知り合いが子宮全摘したら、更年期が早く来たって」「性欲がなくなったって」「濡れなくなったって」「男っぽくなったって」……などと言ってくる人がいる。

言う方に悪気はないのだろうが、言われた方は不安になるだけだ。私は筋腫歴が長いので、いろんな不安を解消すべく医学知識を調べていたし、主治医の先生も丁寧に説明してくれた。

先生の説明によると「子宮をとっても女性ホルモンの分泌に影響はないので、それが原因でホルモンバランスが崩れて、更年期症状が起こることはない。もともと更年期は45〜55歳と幅があり、女性ホルモンの減少は個人差が大きい。また子宮を失った喪失感により落ち込む人もいるので、メンタルの不調による影響が大きいんじゃないか」。

そもそも心身が不調な時は性欲なんて湧かないし、「濡れないかも」と不安な時は濡れないものだ。

私は「子宮……何もかも懐かしい……」みたいな感傷は皆無で、むしろ「とったぞー！　ヒャッハー!!」とノリノリだったので、術後1年たった現在、心身ともに絶好調でビッシャビシャなのだろう。

そして、つくづく思う。自分は非スピリチュアルな人間でよかったと。

■臓器崇拝する子宮教の信者

「子宮＝女性性の象徴」として崇める、子宮教の信者のような人々がいる。銀英伝の地球教か？　というぐらい、熱狂的に臓器崇拝しているようだ。恐ろしいので詳しくは知らないが、ネットをちらっと見ると「子宮が怒りをためこんでいる」とか書いてあった。

いくら擬人化ブームだからって、やりすぎじゃないか。『ちんつぶ』じゃあるまいし、臓器が怒ったり笑ったりしないだろう。いっそのこと、臓器を擬人化した乙女ゲーを作ったらどうか。「胆囊は短気でキレやすく、すぐに短銃を出す」みたいな設定で。

こんなふざけたことを書いていたら、銀英伝のあの方のように信者に暗殺されるかもしれない。

「子宮＝女性性の象徴」と考えていれば「子宮をとったら女じゃなくなる」と落ち込むのは当然だろう。そしてスピリチュアル＆自然療法は、TIGER & BUNNYやピザ＆ポテトのような名コンビだ。

子宮筋腫がらみの書籍やネット記事には、玄米菜食・ヨガ・ベリーダンス・アロマ・ホメオパシー・催眠療法・ヒーリング……等などが紹介されている。それらで体調がよくなることはあっても、もちろん病巣を直接治すことはできない。
「ヨガで虫歯が治る！」と言われたら「治らんやろ」と冷静につっこめるが、子宮はスピ的な見方をされがちなため、「自然療法で治したい」と手術や投薬治療を拒否した結果、症状が悪化する患者さんも多いらしい。

主治医の先生に聞いた話だと、自然療法で治したいと手術を拒否した患者さんが、筋腫が2キロ以上に育って胃までひしゃげてしまい、大学病院で子宮全摘手術を受けたそうだ。そうなると当然、体の負担も手術の傷も大きくなる。
病気で悩んでいる人が「私は〇〇で治った」と言われると、「エビデンスは？」と眼鏡をクイッとするより「マジで⁉」と飛びつきたくなるもの。誰だってなるべく手術はしたくないからだ。

私も痛みに弱いので、手術を受けるのは怖かった。床でゴロンゴロンしながら「手術イヤだな〜宇宙人が寝ている間に子宮をとってってくれないかな〜」とボヤいていていると、夫に「残念ながら、宇宙人は子宮に何かを植えつける方だぞ」と言われ「左様でござるな」と思った。

そして「入院中は毎日お見舞いに行くし、猫の写真も送るから」と言われ、ヨッシャー!!　と己を両手でビンタして「がんばって手術を受けよう！　そしてそれをコラムに書こう！」と立ち上がったのだ。

■温存ではなく全摘を選んだ理由

もともと私は生理が重い方ではなく、生理痛や生理不順やPMSに特に悩むこともなかった。28歳で筋腫発見後も症状は出なかったが、37歳頃から生理期間が長くなり、経血量が増えてきた（子宮筋腫は症状が出なければ治療の必要はない。35歳頃から40代に筋腫が大きくなり、症状が出てくる人が多いらしい）。

手術した人に話を聞くと、大量出血・ひどい貧血・激しい痛みなどによって外出もままならなかった、という人が多い。一方、私は生理が長く量が多い以外は、たまにシクシク痛むのと頻尿気味な程度で、生活に大きな支障が出るほどではなかった。

支障が出なかったのは、私が在宅仕事だったことが大きい。月の半分、股から血が流れているのは超ウザいし、夏場などナプキンが蒸れて最悪だが、自宅ならいつでもナプキンやタンポンを交換できる。


会社勤めの友人は「出勤中も途中下車して交換しないともたない」と話していた。長い会議や商談中にそう何度もトイレに立てないし、漏れてないか？　と常にヒヤヒヤして、椅子を汚してしまったこともある……といった話を聞くたび、「なぜ女は生理でこんなに苦しまなきゃならんのだ」と思っていた。

そんな時、バカ男が「浮気にキレる女は男の生理をわかってない」等とほざくのを聞くと「全身の穴から血を噴き出して死ね!!」と血祭りにあげたくなった。

10歳で初潮を迎えて以来、私はずっと生理が嫌いだった。「大嫌いな生理とおさらばしたい」

私が子宮温存ではなく全摘を選んだ最大の理由がこれだった。

生理の重い人からすれば、私など全然マシな方だと思う。だが、私は鼻クソをほじって近くにティッシュがないと「食っちまうか」と思うぐらい、面倒くさがりな人間だ。そんな人間にとって、1日に何度もトイレに行って生理用品を交換するなど、発狂するほど面倒だった。修学旅行や合宿に生理が重なると死ぬほど憂鬱だったし、友達の家にも遊びに行きにくいし、楽しみにしていたイベントをキャンセルしたこともある。

私にとって生理は、大切な自由を奪う存在だった。生理に振り回される日々があと何十年も続くと思うと、心底うんざりした。尾崎豊みたいになってるが、そんなわけで生理とおさらばした今「自由だー!!」と出所気分を味わっている。

■万一、子どもがほしくなったら?

生理の悩みはピルの服用等で改善することが多いので、悩んでいる人は婦人科で相談してほしい。私の場合は筋腫がすくすく立派に育ちすぎて、主治医の先生にも「いずれ手術も検討した方が」と言われており、「40歳になったら子宮をとります！　スパッと切ってつかあさい！」とハキハキ答えていた。

全摘を選んだのは、もちろん妊娠を望んでいなかったことが前提だ。子どもがほしければ（筋腫は不妊の原因にもなるので）もっと早い段階で手術していた。女友達にも、筋腫のみを取り除く温存手術をした後、妊娠・出産した子が何人かいる。「40歳になったら」と計画していたのは、自分の中にわずかな不安があったからだ。

私と夫は「子どもはもたない方向で」と同意していた。二人とも絶対ほしくなかったわけじゃなく、「パートナーが望むなら、ヨッシャー!!　と己をビンタして子どもを作ろう」と思っていた。いざ話し合ったところ、お互い子どもを望んでないことがわかり、ほっと胸を撫で下ろしたのだ。

それから十余年、夫婦と猫二匹で暮らしつつ「我々はやはり子どもをもたなくてよかったな」という思いは年々深まっていた。

が、ある日突然カミナリに打たれたり、神社の階段から落ちたりして、子どもがほしくなったらどうしよう。その時にできるかはわからないけど、クッソー子宮とるんじゃなかったと後悔するのはイヤだし、とりあえず40まで様子を見るか……と考えていた。

でも39歳の時「いや、べつに自分で産まなくていいよな」と思った。

私は血の繋がりに興味がないし、遺伝子を残したいとも思わない。私と夫も生物学上は赤の他人だし、子どももそれでオッケーだ。もし万が一子どもがほしくなったら、親が育てられない子どもを養子として迎えればいいのでは？

と考えたら、すとんと気が楽になった。夫にその話をすると「わかった……もし養子を迎えるなら、ブラジル人かアフリカ人がいいな」と言うので「たぶん日本の法律では難しいんとちゃうか」と答えた。

そんなわけで、私は一点の迷いもなく「とるぜ、子宮！」と決心できたのだ。

当時、入院から退院後まで日記をつけていたのだが、それを見ると「エロ漫画でおなじみの浣腸！」「へその掃除が地味につらい」「最悪の地獄は拘束プレイ」「ＶＩＯ脱毛やってて正解！」「初オナニーに挑戦」「屁が痛い」「中二病でよかった」……等など、さまざまなことが書いてある。

ちなみに「中二病でよかった」は、手術痕についてだ。

私は手術で体に傷が残るのが、全然平気だった。傷＝カッコイイという認識だからだ。手術後、夫に腹の傷を見せると**「おお、ポンチさん（私の呼び名）が渋くなってる！」**と言われて、さすが我が夫と思った。

というのも、傷が残るのは平気と話すと「でも女の子なのに……」「可哀想に……」とか抜かすオッサンもいて「うるせえな」と思っていたから。やはり持つべきは中二病の夫である。

36

「陰核、勝負！」「陰茎、覚悟！」　子宮全摘1周年記念②

その日記を見ながら当時を振り返り、子宮全摘後の性生活について書きたいと思う。

子宮筋腫はセックスに密接に関わる病気なのに情報が少ないうえ、「病院でもセックスがらみの質問はしづらい」という筋腫シスターズも多い。質問した時、医師がきちんと答えてくれるかも重要だろう。

私は幸い、信頼できる主治医に出会えた。主治医の先生は『伝染るんです。』のカッパ君似で、人柄も穏やかで優しく、どんな質問にも丁寧に答えてくれた。だがカッパ先生に出会う前は、婦人科でイヤな思いも何度かした。

33歳の時、ジジイの医者に「典型的な筋腫子宮だねえ！　さっさと手術しないと子ども産めないよ！」と言われて「子どもを作る予定はない」と伝えると「はあ？　子ども作らないでどうするの！」と説教された。

股に器具をつっこまれた状態で「この老害が!!」と顔を蹴るのは難しい。こんな医者に子宮摘出後のセックスの質問などとてもできない。「子宮とったら旦那さんガッカリするでしょ」など、子宮教的な発言をする医者もいるらしい。こういう一部の医者のドクハラにより、西洋医学不信から自然療法やスピに流れる人もいるのだろう。

もちろん、世の中にはいいお医者さんもいっぱいいる。婦人科系の悩みを抱える人は信頼できる主治医を見つけてほしい。

私はカッパ先生に気になることは何でも聞いていた。手術前の診察で「術後3ヶ月は性交渉を控えてください」と言われた時も、

アル「それは性器の挿入という意味ですよね？」

カッパ「はい、そうです」

アル「クリトリスの愛撫やマスターベーションはオッケーですよね？」

カッパ「それはもちろん大丈夫」

ときちんと答えてくれた。

私も40歳のＪＪ（熟女）なので「性交渉！　せずにいられないッ！」というわけではないが、セックスコラムを書く者として「性機能に変化がないか試したい」という好奇心が強かった。

子宮全摘の場合、子宮と膣を切り離して、膣の先端を袋状に縫合する。完全にくっ

つく前にペニスで突くと縫い目が破れる恐れがあるので、３ヶ月は控えた方が安心です。と説明しながら、先生は「旦那さん、体もごっついしね……」と遠い目をしていた。診察の後、夫に「キミ、巨根やと思われてるぞ」と報告した。

カッパ先生の読みどおり、うちのマッチョは下半身も益荒男《ますらお》なので（ただし性欲は薄い）、私もやや不安があった。そこで先生に「膣の尺が短くなって、ペニスで突いたら痛くなったりしませんか？」と聞くと「そもそも膣はすごく伸びるので、性生活に問題はないでしょう」とのことだった。膣は赤ちゃんの通る産道であり、出産時にメッチャ伸びて、出産後しばらくすると元に戻る。それぐらい伸縮自在な悪魔将軍的臓器なのだ。

また「挿入する側の感触が変わったりはしませんか？」と聞くと「うーん、変わったという話は聞かないけど……それはよくわからない」とカッパ先生。そりゃまあそうだろう。「旦那さんはなんて言ってます？」とか踏み込んだ質問もできないだろうし。

しかし「性生活に問題はありません」と言われても「問題ないってどゆこと？　も

っとｋｗｓｋ」と当事者としては気になるもの。

そこであくまで一個人の体験だが、手術後の性生活についてｋｗｓｋ書きたいと思う。

■初オナニーに挑戦！

私はとても痛みに弱い。なので手術直後は「アルテイシアのライフはゼロよ……」と虫の息だったが、手術の2日後にはドラスティックに回復。ＨＰ《ヒットポイント》がみるみる復活するのを感じていた。

そして手術5日後、「いっちょオナニーしてみるか」と思いついた。だが深夜も看護師さんが巡回にくるし、見つかったら超気まずい。なにより中年女のオナニーを目撃する方が気の毒だ。

というわけで、エロい妄想をすることにした。

深夜の病院のベッドの中、スマホでエロＢＬを読んでいると、悪魔将軍がしとしと潤うのを感じた。「ハハハハ～！　我が性欲は砕けぬ！　折れぬ！　朽ちぬ！」とラオウのように叫びたかったが、違う病棟に隔離されると困るので、日記に書いた。

順調に回復したため、手術の7日後に退院。

自宅に戻り、猫たちの「どこ行っとってんワレー！」攻撃がおさまった後、「よし、いよいよ初オナニーに挑戦だ」とスマホでエロBLを検索した。悪魔将軍が十分潤ったのを確認してから、「陰核、勝負！」と三国志のようにクリトリスを刺激したところ、あっけないぐらい普通にイケた。違和感や痛みなども一切なかった。

その後、女友達に「初オナニー成功！」とLINEで報告したら、みんなから祝福のメッセージが届いた。

しかもなんと翌朝、夢精までした。となりの夫を叩き起こして「オイ夢精したぞ！」と報告すると「おめでとう……」と寝ぼけながら寿いでくれた。

この時、私は確信した。「オーガズムに必要なのは子宮ではない、オカズだ」

女は精神的なやる気スイッチが入らないとムラムラしない。男のように精子工場に精子がたまって自然にムラムラする仕組みはないし、ほっとくと加齢とともに性欲は減っていく。それゆえ、エロスを補充する必要があるのだ。

性欲減退に悩む人はアロマやサプリよりも、好みのオカズを探すべきだろう。退院後、私は美少年がムチャクチャされるBLなどを読み漁っていたせいか、エロスのオーバードーズ気味で、やたらムラムラしていた。

ムラムラしていたのは、心身ともに調子がよかったことも大きい。心身が不調な時は性欲なんて湧かないもの。私は念願の子宮全摘してスッキリ爽快だったし、「生理がない日々はこんなに快適なものか……！」と感動していた。まさに長年の便秘が治ったような気分だった。

現実のウンコ問題が解決したことも大きい。

私はもともと快便女王で、今でも1日に2〜3回はウンコする。だが手術前は過多月経によりやや貧血気味だったので、鉄剤を飲んでいた。お陰で元気に活動できたのだが、私の場合、たまにウンコが鉄のように固くなる副作用があった（鉄剤の副作用は個人差が大きい。また筋腫が大きくなり腸が圧迫されて便秘になることもある）。

トイレで鋼のウンコを錬成しながら「ぐわあっ……菊門が……！」と叫ぶと、夫が駆けつけて「俺にできることはないか」と聞くので「祈ってくれ！」と頼んだ。すると扉の向こうから般若心経が聞こえてきた（夫は仏教好き）。

手術後、生理がなくなり鉄剤とも縁が切れて、私は快便女王の座を奪還した。あのままだと切れ痔かイボ痔になっていただろう。「ぼくの子宮を守って」ならぬ「俺の菊門を守りたい」という思いで手術を受けたが、無事に守れてよかったと思う。

■ファーストドッキング完了！

術後3ヶ月が過ぎるのを待つ間、バイブを使ったオナニーにもトライした。

エロBLで股を温めた後、エースで4番の「ｉｒｏｈａ　ＦＩＴ　ＭＩＫＡＺＵＫＩ」選手の登板。念のため奥まで入れず、膣口から約5センチのGスポットを狙い打ちしたところ、通常通り中イキできた。

この時点で「子宮をとってもビッシャビシャ！」「我がGスポットは健在なり！」

と確かな自信を得られた。術後いきなりセックスするのが不安な人は、自慰で予行演習するといいと思う。

そして3ヶ月検診にて、カッパ先生から「傷はしっかりふさがってます、もう大丈夫」とセックス解禁令をいただく。

ついに生身の初挿入をする時が来た。結婚12年目ともなると燃え尽きるほどヒートもしないので、事前にオカズを使って股をしっかり温める。この世にエロBLがあってよかった。そして「陰茎、覚悟！」と夫とファーストドッキングに挑戦。

結論から言うと、子宮をとってセックスはむしろ良くなった。

というのも、手術前はペニスで突かれると子宮に振動が伝わり、シクシク痛むことがあったのだ。「痛いかも」と不安だと試合に集中できないし、全力でプレイもできない。摘出後はそういった不安がないため「どんな魔球でも、ばっちこーい!!」とドカベンのように受け止められる。やはりセックスはメンタルの影響が大きい。

私は手術で子宮頸部も切除していたが、奥もちゃんと感じた。もともと膣の神経は手前の1／3に集中しているので、「クリトリスとGスポットで感じる→奥も感じる」というように、快感は連動しているのだと思う。

夫に「俺の悪魔将軍の具合はどうだ？」と聞くと「何も変わってない」との回答だった。もっとコメントないんかいと思ったが、陰茎はわりと鈍感な部品なので、細かい違いとかわからないのだろう。自分で指を入れてみた感触も「何も変わってない」だった。試しにバナナを切ったり吹き矢を飛ばしたわけではないが、ユルくなる・キツくなるなどの変化も感じなかった。

そもそも膣は感じれば感じるほど締まる仕組みなので、パートナーの力量と、お互いのコミュニケーション次第なのだと思う。

私はセックス指南書（※）も出しているので、読者から性の相談をいっぱい受けてきた。

その中でも一番多いのは「彼氏や夫とのセックスが苦痛」「痛いだけで気持ちよく

ない」という女性の悩みだった。性に関する調査を読むと、15％の女性が「セックス中いつも痛い、大抵痛い」と答えて、60％の女性が「たまに痛い」と答えている。
女性は前戯で十分に感じることで、膣内が潤い、膣口が開いて、ドッキングの準備が整う。よってパートナーの前戯がヘタだったり雑だったりすると、当然痛い。だが多くの女性は気をつかって本音を言えず、感じているフリをする。

性交痛に悩んで婦人科を受診する女性は多いが、肉体的に問題があるケースはまれで、「パートナーの前戯がヘタか雑」「本人に精神的な不安や恐怖心がある」というケースが多いらしい。子宮摘出後「濡れなくなった」「セックスが苦痛になった」と悩む人の中にも、こういったケースは多いんじゃないか。

私は専門家ではないが、子宮をとった後「ちゃんとセックスできるかな」「痛かったらどうしよう」と不安になる気持ちはわかる。そこで「痛くしないから大丈夫」と安心させて、丁寧な前戯で十分感じさせて、入念に膣を指でほぐしたうえでドッキング……ということを、パートナーがちゃんとやってくれるかどうか。そして本人も

「こうしてほしい」と相手に伝えられるかどうか……それが術後のセックス満足度を左右するのではないか。

そして大事なことなので何度も言うが、オーガズムに必要なのはオカズだ。なので、おすすめのエロBL（美少年がムチャクチャされるやつ）があったら教えてください。

■「子宮を失った人は可哀想」という呪い

個人差があるだろうが、私は子宮をとったことでメリットしか感じなかった。だが手術後「子宮をとったことを悲しまない女は変」という空気をたまに感じた。

たとえば、知り合いのオッサンに子宮摘出の話をしたら「そうか……辛かったな」と言われたので、

アル「いや全然、体調もいいし最高ですよ」
知人「いや……でもやっぱり辛いだろう」
アル「それ盲腸とった人にも言います？」

「子宮は女にとって特別な存在、だから失った人は可哀想」と決めつけることが呪い

だろう。「普通は悲しむべき場面で悲しまない人間はおかしい」とレッテル貼りしてくる人間はいる。

このオッサンも「でも盲腸と子宮は違うだろう」とまだ言うので、「でも、おりものは出ますよ！　おりものって子宮だけじゃなく膣からも分泌するんですよね！　まあ鼻クソみたいなもんですね！」とハキハキ返したら、それ以上何も言わなかった。

この時、私が本当に言いたかったのは「私の臓器のことを、貴様がとやかく言うな」だ。


私は私の子宮をとったが、子宮温存手術を選ぶ人もいれば、手術せず閉経まで待つ人もいる。どんな選択をするにせよ、自分の体の決定権は自分にある。辛い思いや痛い思いをしているのは自分なのだから、世間や他人の声に振り回される必要はない。

続いての「子宮全摘1周年記念③」では、手術にまつわる話を書こうと思う。

カッパ先生はスーパードクターK（カッパ）と呼びたいほどの名医で、手術中の出血量はたった25㎖だった。大さじ2よりも少ない量で臓器を摘出するなんて、キャトルミューティレーションか？　とびっくりだ。

ちなみに手術後、夫が摘出した子宮を確認したのだが、「臓器を見るのは無理！」と拒否する人もいるらしい。我が夫はホラー映画好きでどんなグロ画像もイケるタイプなので、「写真を撮っといてくれ」という私のオーダーに応えて、様々なアングルから撮影してくれた。

その画像を女友達に「見る？」と聞くと「無理！」と青ざめる子もいれば、「見る！　おーすげえ！　これLINEで送って！」と食いつく子もいて、人それぞれだなあと思う。

次回は手術について書くが、グロ画像は掲載しないので安心してほしい。

※『恋愛とセックスで幸せになる　官能女子養成講座』KADOKAWA／メディアファクトリー
『オクテ男子のための恋愛ゼミナール』永岡書店

37 念願の我が子宮と対面、夫婦の感想は？ 子宮全摘1周年記念③

約1年前、私は手術から退院後の日々を日記に綴っていた。

その日記には「健康であれば人生の8割は幸せだ。当たり前の日常がいかに貴重で素晴らしいかを忘れずに生きていきたい」と書いているが、すっかり忘れていた。

やはり文章に残すのは大事だ。文章に残していたお陰で、こうして手術にまつわる話も詳しく書ける。


手術の前日、いきつけの総合病院に入院。基本、患者は受け身な立場なので気は楽だった。センター試験前日の方がよっぽど緊張した。

夫が病院から帰る際「ポンチさん、これを」と封筒を渡してきたので「まさかラブレター……？ トゥクン」と思って開いたら、**般若心経の写経だった**。夫はこの写経を2枚書いて、1枚を京都の寺に納経してきたらしい。「なんだ、ラブレターかと思った」と言うと「ラブレターなんて何の効力もない」と返された。

翌日、手術の前に下剤&浣腸。腸内洗浄とは大変なものだと実感する。

ゲイの男友達が「口と手で抜くことが多くて、意外とアナルセックスってしないのよ、準備が面倒だから」と言っていたが、その意味がよくわかった。ちなみに彼は「痔になって病院に行った時『先生、ここの入れるところがね』と言ったら『肛門は出すところです！』と返されちゃった、概念が違うのね」と話していた。

概念。

概念はさておき、ウンコを出し切った後、ベッドに寝かされたまま手術室に運ばれる。手術室は真っ白だった。「バイオハザードみたいですね！」と言いたかったが、病院で縁起でもないので言わなかった。

さあ、ついに子宮全摘手術が始まる。

私はエモさに欠ける性格なのか「さらば〜子宮よ〜」みたいな感傷は皆無で、ひたすら「脊椎麻酔とＶＩＯ脱毛、どっちが痛いんやろか」と考えていた。「背中に打つ脊椎麻酔が超痛かった」とよく聞くため、怯えていたのだ。

痛みとは恐怖なのだと思う。世のお母さん方が「出産に比べたら何のこれしき！」とドーンと構えているのは、死ぬほどの痛みを経験したため、恐怖が少ないんじゃないか。

一方、私は痛い目に遭ったことがない。毒親や恋愛の痛みは売るほど経験してきたが、大きなケガや病気といった肉体的な痛みは経験してない。

そんな私の人生で痛かったランキング第一位は、ＶＩＯ脱毛だった（二位は腸炎でウンコを漏らした時）。私はＶＩＯ脱毛をしたことで、強くなった。「あの痛みを乗り越えたのだから」と歯医者や注射も怖くなくなった。８９３（３２６風に表記）の刺青にも、精神を鍛える的な意味があるのだろう。

そんなわけで、脊椎にブスッと針を刺された瞬間「ＶＩＯ脱毛の方が痛い！　大丈夫！」と思い、「パイパンにしてよかった……」と意識が薄れていった。

■とれたての我が子宮と対面

そして次の瞬間、バチッと目が覚めた。

「手術終わりましたよ、意識はどうですか？」と聞かれて、第一声は「ハッキリしてます、今からセンター試験も受けられます」だった。夫いわく、カッパ先生から「奥さん、共通一次も受けられるそうですよ（笑）」と言われたらしく、スーパードクターKは共通一次世代のようだ。

手術前、私は「とった子宮を見たいし触りたい」と頼んでいて、先生に「わかりました、ただ麻酔でボーッとしてる人も多いので、意識があれば」と言われていた。術後の私はメガシャキ状態だったので、念願の我が子宮との対面を果たせた。

第一印象は「でけぇ」だった。

通常の子宮は鶏卵大だが、我が子宮は小児頭大まで育っていた（通常は100グラム程度だが、我が子宮は850グラムあった）。見た目は「産地直送！　宮崎地鶏」という感じで、手で触ってみると固かった。その瞬間も「今までありがとう、ご苦労さま……」みたいな感傷はなく「ほう、手触りはハムですね、お中元お歳暮にイケそう」と感想を述べていた。

その後、病室に戻ると夫が待っていた。

前回書いたように、夫もとれたての我が子宮と対面していた。その時に撮影してくれた画像を見ながら「どう思った？」と聞くと「R・TYPEの一面のボスみたいだった」との感想。「R・TYPEってなんや」「こんな有名なゲームを知らないなんて大丈夫？」と、いつも通りの会話をかわす。

この時はまだ手術の麻酔が効いていて、余裕だったのだ。

そこから、地獄のデスロードが始まる。

胆嚢の摘出手術をした女友達は「手術が終わってから翌朝まで眠り続けた」と言っていたが、私は術後からメガシャキで、そこからほぼ一睡もできなかった。術後の感想を一言でいうと「とてもつらい」。

三国志の霊帝の気持ちがよくわかる。つらすぎて、ひねったこととか言えないのだ。

ＶＩＯ脱毛はゴムパッチンのような罰ゲーム的な痛みだが、手術後の痛みは全身に矢が刺さった落ち武者的な痛みで、とにかくどこもかしこも痛い。

切った傷も痛いし、腹の中も痛いし、手術中に管を入れた喉も痛いし、予想外の伏兵として、尿道がメッチャ痛い。尿管カテーテルが痛すぎて「尿道オナニーとかするやつ頭おかしいだろ」と思った。


輪をかけて最&悪だったのが、拘束だった。左腕は点滴につながれて、両足に血栓予防マシーンをはめられて、身動きがとれない。

私は飛行機も長時間乗るのはつらく、自由に動けないのが苦痛なので「拘束プレイ好きのドＭの人は平気なのか？」と考えながら、泣いていた。痛み止めも座薬も眠剤も追加してもらったが、「効かぬのだ……」と泣いていた。憔悴しきった、ぼろぼろなラオウ。それはもうラオウぢゃないぢゃないか。

とダジャレをかます余裕もなく、泣いていた。眠れないし動けないし、泣くぐらいしかすることがなかったのだ。

私がぴぃぴぃ泣いていた一方、「私はそこまで痛くなかったよ！」と語る経験者もいる。痛みの感じ方は個人差がとても大きい。痛みに強い女友達は、VIO脱毛で麻酔クリームを断り、眉ひとつ動かさなかったら「あなたなら体中のどこでも脱毛できます！」と太鼓判を押されたという。

痛みに弱い私は、手術の翌朝、真っ白な灰になっていた。だがトイレに歩いて行けたらカテーテルを抜いてもらえるので、弁慶の大往生のように気合いで立つ。そして看護師さんに支えられてヨロヨロとトイレに辿りつき、カテーテルを抜いてもらえた。その瞬間「俺の尿道は自由だ……」とベッドに倒れ込み、丸一日、ほぼ寝たきりで過ごした。かたや川崎貴子先輩の「女社長の乳がん日記」（※）を読むと、手術の翌朝、すぐにノートパソコンを開いて仕事している。

バケモノか。

もちろん手術の種類は違うが、強すぎる。川崎さんと私では、モビルスーツと原付ぐらい強度に差がある。やっぱり私は女社長にはなれない。

■手術後のある決意

そんな原付レベルの私も手術2日後にはドラスティックに回復して、3日後には普通に歩けるようになった。腹に力を入れた時や、咳や屁をした時以外は痛みもあまり感じなくなっていた。

その時の日記には「友達が手術をして立ち会う人がいなかったら、絶対に立ち会おう。そして術後2日間は付き添おう」と決意が書いてある。

というのも、友達は気をつかって回復した頃に見舞いに来てくれる。それもすごくありがたいが、回復後は痛みも減って気力も戻るので、1人でもわりと平気なのだ。もっとも心身が弱るのは手術当日とその直後なので、そばにいてサポートしたい。

この決意は1年たった今も記憶に刻まれている。

回復後の入院生活は特にやることがない。「ヒマすぎてつらかった」という話をよく聞くが、私は痛みには弱いがヒマは得意なので、ボーッと考え事したり、本を読んだり、エロＢＬで悪魔将軍を潤したりと、快適に過ごしていた。病院は明るく清潔で、窓から海や山も見えて、のんびりリゾート気分を味わっていた。

仕事用のノートパソコンも持参していたが、一度も開かなかった。やっぱり私は女社長にはなれない。

ちなみに私は不潔も得意なので、５日間シャワーを浴びられないのも平気だった。夫に「締切中は３日風呂に入らないとかザラだからな！」と自慢すると「そういう時のポンチさんは、テトラポッドの臭いがする」と言われた。

アル「キミの足もウォッシュ系のチーズみたいな臭いがするぞ」

夫「だが俺は毎日風呂に入っている」

足のクサい夫は毎日、病院に来てくれた。彼は愛猫の介護の時もかいがいしく世話をしていた。

「病める時も健やかなる時も」と言うが、結婚は病める時ベースで考えるべきだろう。つらい時に支えてくれない伴侶などいない方がマシだ。そんな相手と結婚しても孤独とつらみが増すだけだし、「無縁仏に、俺はなる！」と俺は思う。

順調に回復したため、手術の7日後に退院した。

個人差があるだろうが、私は術後の経過がよかった方だと思う。退院して3日目には早足でスタスタ歩けるようになり、毎日30分のウォーキングを始めた。「せっかく子宮もとったし、健康になって、ついでに痩せよう！」と意識が高くなっていたのだ。

そして3ヶ月後にはホットヨガに通い始めた。インストラクターの「心を空っぽにして大地とつながりましょう……」という声を聞きながら、だいたい金とメシのことを考えていた。

月の半分が生理で貧血気味だった頃は運動もできなかったが、体を動かすようになって、体力もついたし体も引き締まった。

しかし1年たった今は、ヨガもウォーキングもさぼっている。理由は「面倒くさいから」。

子宮をとっても人間の中身はそう変わらないものだ。

■子宮をとろうがとるまいが

とはいえ、手術前よりは確実に健康になった。

だがこの1年、心身の調子があまりよくない時もあった。子宮をとろうがとるまいが、それは誰にでもあることだ。

特に40代は疲れやすくなったり、体のあちこちが痛んだり、無理がきかなくなるお年頃。

孔子は「四十にして惑わず」と言っているが、それは春秋時代の話で、現代の40代は「中年の危機」という言葉もあるように、惑い悩むお年頃だ。

そういう時は、屁をこいて寝るのが一番。傷もふさがって今は屁をこいても痛くない。

人間、生きてりゃ調子の悪い時もある。そんな時に「子宮をとったせいかも……」と理由探しにハマると「子宮をとると悪いことが起こる」という子宮教の呪いに利用される。

ネットで検索すると「幸せは子宮が引き寄せる！」「子宮に感謝すれば願いが叶う！」といった言葉が出てくる。「屁のツッパリはいらんですよ」ぐらい言葉の意味はわからんが、とにかくすごい自信だ。

人はわかりやすい理由を欲しがるが、べつに悪いことをしたから病気になるわけじゃない。生まれつきの病気を抱えている人もいるし、生きていれば誰だって病気にかかる可能性はある。

私は高度な現代医療のお陰で病気の苦しみから解放された、そのことに感謝したいと思う。

手術により過多月経から解放されて、今では好きな時に外出できるし、旅行の計画も立てられるようになった。手術前はトイレで血を見るたび「当分、遠出はできないな」とうんざりした気分になっていた。

月の半分をそんな気分で過ごすなんて、人生がもったいない。40代のまだまだ元気な時期をもっと自由に楽しく生きたい。

そう思って手術を決意してよかった。


手術を検討している筋腫シスターズには「私の場合、2日間ぐらいは地獄だったけど、その後はずっと快適だよ」と伝えたい。1年たった今では「そういえば手術したっけな〜」と遠い記憶になっている。


たまに思い出すのは、トイレの戸棚にある生理用品の在庫を見た時ぐらいだ。

「捨てるのももったいないし、利用方法はないかな」と女友達に話すと「花粉症の時に使ったら？ ドロッと鼻水も吸収！」「窓に挟んで結露を防いだら？」「凍らせてアイスノンにしたら？」などのアイデアが寄せられた。ネットで検索すると「生理用ナプキンを靴の中敷きにすると足のニオイを防げる」との情報を得た。たしかにテープもあるしズレなくて便利だ。

今度、夫の靴にナプキンをそっと忍ばせたいと思う。

※「女社長の乳がん日記」http://wotopi.jp/archives/51376

こちらの人気連載を書籍化した『我がおっぱいに未練なし』（大和書房）

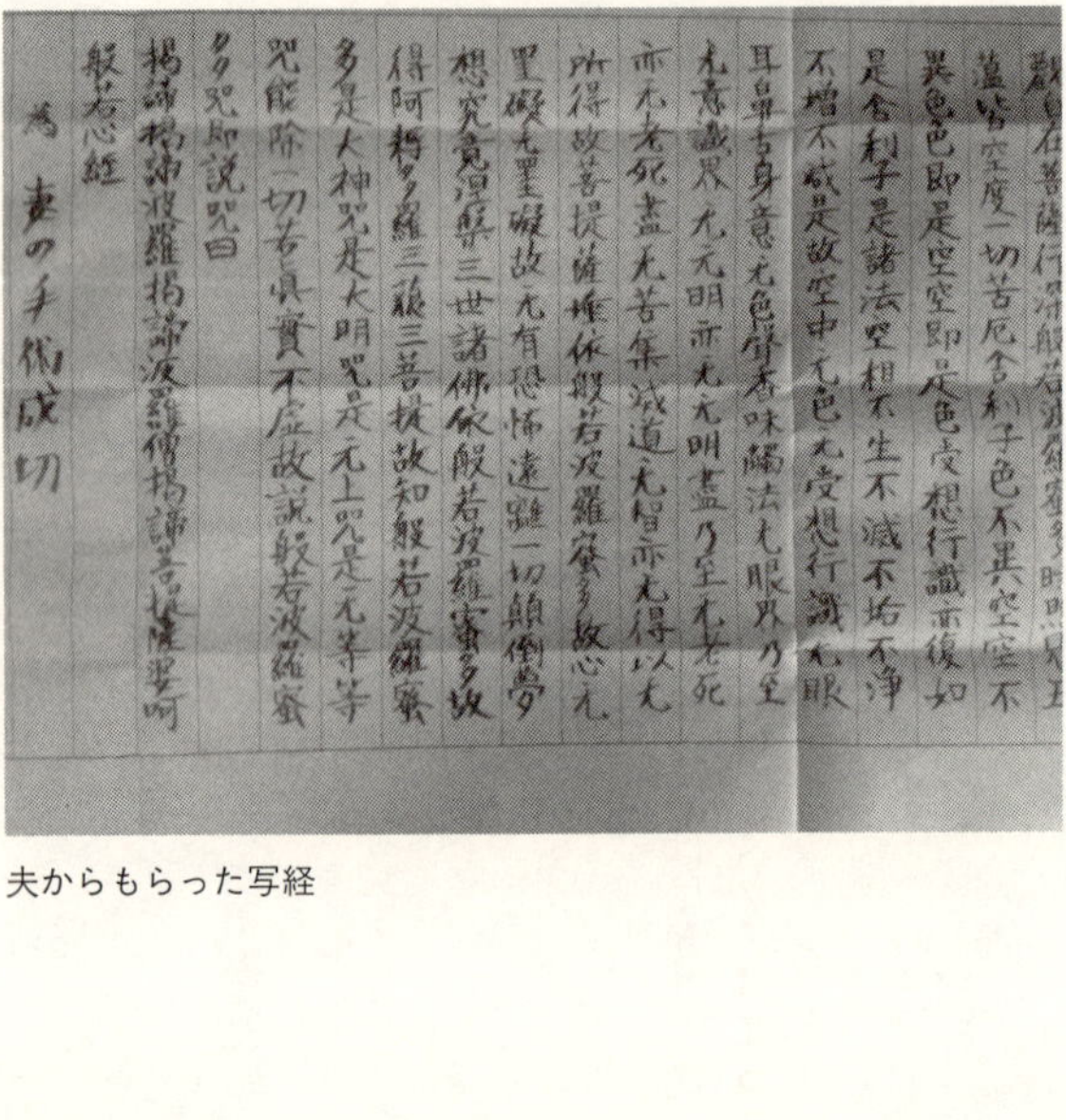
觀自在菩薩行深般若波羅蜜多時照見五
蘊皆空度一切苦厄舍利子色不異空空不
異色色即是空空即是色受想行識亦復如
是舍利子是諸法空相不生不滅不垢不淨
不增不減是故空中无色无受想行識无眼
耳鼻舌身意无色聲香味觸法无眼界乃至
无意識界无无明亦无无明盡乃至无老死
亦无老死盡无苦集滅道无智亦无得以无
所得故菩提薩埵依般若波羅蜜多故心无
罣礙无罣礙故无有恐怖遠離一切顛倒夢
想究竟涅槃三世諸佛依般若波羅蜜多故
得阿耨多羅三藐三菩提故知般若波羅蜜
多是大神咒是大明咒是无上咒是无等等
咒能除一切苦真實不虛故說般若波羅蜜
多咒即說咒曰
揭諦揭諦波羅揭諦波羅僧揭諦菩提薩婆訶
般若心経
為　妻の手術成功

夫からもらった写経

38

絶倫モーゼも今は昔。ノーセックス派のＪＪがリスペクトするのはフネ先輩

「ＪＪ（熟女）とセックス」についてＪＪ仲間にネタを募ったところ――「ない」。

未婚既婚問わず、みんなセックスをしていないのだ。セックスレスという言葉が流行り出した頃は「セックスしないのって変なの？」と動揺した人々も、これだけ「日本人は世界一セックスしない」と言われ続けると「みんなしてないなら、まあいっか」とノーセックスライフを謳歌している様子。

かつては性欲旺盛だったＪＪも、40を超えると「我が性欲は尽きた！」と宣言する者が多い。ある女友達は20代の頃「彼氏と毎日ヤリまくってベッドが真っ二つに割れた」と語り、絶倫モーゼと呼ばれていた。

別の女友達はセックスだけでは飽き足らず、ほぼ毎日オナニーしていたそうだ。
ある朝、自宅のベランダで布団を干そうとしたら、布団に紛れたバイブが庭仕事中

の父親の上に落ちたらしい。慌てて駆けつけると、父から毅然とした表情で「壊れてないか？」とバイブを渡されたという。「この淫乱娘が！」とバイブでめった打ちにする父じゃなくてよかった。この父の頭上にバイブが落下した件は、コイサンマン事件と名づけられた。まさにＪＪにしかつけられないタイトルだ。

そんな逸話をもつ彼女らも「あの性欲はどこへ行ってしまったのかしら……」と空を見つめている。私自身もそうだ。20代の頃はテストステロンの太鼓の音がドンドコドコドコと鳴り響き、やたらムラムラしていた。だが35歳を超えた頃から太鼓の音が静かになり、41歳の今は**「母さん、ぼくのあの太鼓、どこへ行ったんでしょうね……」**と空を見つめている。

とはいえ、夫とはごくたまにセックスしている。それは「セックスコラムを書く者として、現場感を失うのはいかがなものか」という職業意識からだ。そのため夫とセックスする前は、エロＢＬなどを読んでエロスを補給する。ムラムラするからやるんじゃなく、やるためにムラムラを製造している。もし私が物書きじゃなければ、夫はもともと性欲薄夫だし、我が家のセックスは消滅していたかもしれない。だから「フネ先輩、マジリスペクトっす！」と言いたい。

サザエさんのフネさんは、43歳の時にワカメを出産したとされている。つまり43歳頃までセックスしていたことになる。ハゲは絶倫と言われるし、ハゲの妻であるフネさんも割烹着の下は性欲ゴリラなのかもしれない。そういえば、あの小保方さんも性欲が強そ（自主規制）。割烹着つながりはさておき、磯野家はふすまで仕切られた長屋でやりにくそうだし、性の匂いが皆無だが、意外とセックスフルな家庭のようだ。

ちなみにサザエが通っていた女学校は、あわび女子学園というらしい。

「ロウソクの炎が消える寸前に燃え上がるように、女は40を超えると性欲に火がつく」と言われるが、私の周囲にメラメラしているJJは見当たらない。

エロババアを自称する岩井志麻子先輩など、作家界や芸能界ではメラメラ系のJJを見かけるが、やはり稀有な存在ではないか。瀬戸内ジャッキー先輩は「煩悩を捨てるために出家した」と語っておられるが、出家しないと捨てられないほど煩悩の埋蔵量が多かったのだろう。サウジアラビア並みの油田を持つ者もいれば、「私の煩悩の量は2バレルぐらい」という者もいる。昔は大量のバレルを誇っていても、加齢とともに枯れてくるのが一般的ではないか。

かつて「セックス番長」と呼ばれていた女友達は、世界を股にかけるキャリアウーマンで、世界中の男を股に招いていた。だが41歳のワーキングマザーとなった現在は「仕事と育児の両立が大変すぎて、ムラムラする余裕もない」と言う。
日本はお母さん方が血反吐を吐きながら子育てする修羅の国。日本人女性の睡眠時間は世界一短いとも言われる。独身時代の番長は「ギリシャ人と地中海で水中セックスしたらカンジダになった、マンコがかゆい」とか言っていたが、今はやらなさすぎて粘膜が乾燥してかゆいのだとか。

日本人のセックスレス原因の1位は「忙しいから」だそうだ。忙しすぎてセックスする余裕がない、そんな修羅の国において、比較的余裕があるのは高齢者だろう。
ホテル街の近くに住む友人は「ラブホから出てくるのは、おじいさんとおばあさんのカップルばっかり！」と言っていた。知り合いのライターさんは「うちの70代の母、父が死んだ後ノリノリで『婚活パーティーで出会った彼氏とBまでいった』とかノロけてくるんです……」と嘆いていた。たしかに親のBの話は聞きたくない。

「ちょいワルジジ」とやらが昼間から美術館にナンパに行けるのも、ヒマだからだろう。

だがヒマだからといって老害を撒き散らすのはよくない。週刊ポストで「20代を抱いて死にたい！」という特集があったが、**「抱かれたくない！」**という側の声に耳を傾けるべきだ。枯れ専といわれる女子もいるが、文字どおり「枯れ感」に萌えるわけであって、ギラギラと黒光りしたジジイに需要はない。

『SATC』でサマンサが富豪のおじいさんとベッドインするが、途中でトイレに立ったおじいさんのヨボヨボの尻を見て「無理！」と逃げ帰るシーンがある。

初めて見た20代の時は「たしかに死を連想してしまうし、メメントモリな気分でビッシャビシャになるのは無理だよな」と思った。けれども自分がJJになり、頻尿気味で尻もヨボヨボ気味になると、おじいさんサイドに共感する部分もある。

とはいえ、私だったら「若い男にこの体を見せるのは……」と躊躇する。若くてピチピチの体よりも、同世代のゆるんだ体の方が「お互いさま感」があって、やりやすい気がする。おじいさんサイドは逆に、死から遠そうな若い肉体に惹かれるのか。

「私もどうせやるならピチピチとやりたい!」と主張するJJもいる。

問題は誰とやるかだが、昨今、熟女好きを自称する若者も増えている。だが知り合いの20代男子は「熟女、好きなんですよ〜! 森高千里とか」と言っていた。森高千里はリサリサ先生と同じ「不老系JJ」のジャンルであり、彼のいう熟女枠に五月みどりは含まれない。かまきり夫人なんて聞いたこともないだろう。

とはいえ、AV界には熟女を超えた「老女モノ」というジャンルもある。70代のAV女優さんが出演する『祖母と孫』『うちのお婆ちゃん』等のシリーズも出ている。その手の作品を好む人々は、おばあちゃん子だったのだろうか。シャアは〝母なる者〟を求めたが、〝婆なる者〟は母よりもっと無条件に受容してくれそうだ。

なんにせよ幼女好きより老女好きの方が二兆倍マシだし、いずれＲＪ（老女）に進化するＪＪとしては、ありがたい存在かもしれない。

一方「私はおじいちゃん子だったから『うちのお爺ちゃん』シリーズを観たい！」というニーズは少なそうだ。女性向けＡＶでも70代の男優さんは見たことがない。私もどうせなら若く美しい男女のからみを見ながら「乳輪の照りが違うわ〜」とため息をつきたい。

かつては私も乳輪がツヤツヤだった時代があった。当時は若さゆえの傲慢さもあったと思う。20代の頃、薄毛の男性と付き合ったことがある。その彼は仗助なみに髪に敏感で、ハゲを隠すのに必死だった。傲慢だった私は「ハゲを隠す方がみっともない」と思っていたが、もし今「ヨボヨボの尻を隠す方がみっともない、ハイレグ水着を着ろ」と言われたら、断固拒否する。

ちなみに薄毛の彼とセックスする時は「頭に触らないようにしなきゃ、ヘタに触って抜けたら悪いし」と気をつかった。過去のコラムに登場した、カツラをかぶった彼氏、カツラ田カツオさん（仮名）と付き合う女友達は「ヅラはもっと気をつかう、へタに触ってズレたら困るし」と言っていた。「だからヅラをカミングアウトされて、2人の時は脱いでくれるようになってホッとした」と語る彼女。

カツラ田さんもヅラを脱いでくつろげたのか、ある日、ホテルにヅラを忘れるという珍事が発生した。友人いわく「ヅラを装着せずに、車でホテルを出たんだよね。しばらくして『あ、ヅラがない！』と気づいたんだけど、彼はホテルに取りに行くのを恥ずかしがって」。

そこで翌日、彼女がホテルにヅラを取りに行ったらしい。「フロント係がビニール袋に入れたヅラをうやうやしく渡してくれたけど、絶対、裏で爆笑してたと思う」

そんな優しい彼女だが「せっかく手元にヅラがあるんだから、すぐに返すのは惜しい」と思い、その足で女友達の家に向かったそうだ。そして2人でヅラを逆さまにかぶったり、股間にのせたりして、ゲラッゲラ笑いながら写真を撮ったという。

その写真は〝ヅラ遊び〟というフォルダに保存されており、私もそれを見てゲラッゲラ笑った。皆さんもヅラ男性と付き合う機会があれば、ヅラ遊びの写真をインスタにあげるといいだろう。

話がズレたが（ヅラだけに）、考えてみるとセックスフルなJJ仲間も3人いる。その3人に共通するのは、10歳近く年下の夫や彼氏がいることだ。

彼女らは「やっぱり勃起力が違う、朝なんて股間が木下大サーカス」とJJらしい比喩で語り、「私なんてここ数年、テントが張ってるのを見たことない……！」とノーセックス派のJJたちは感嘆する。ゴールデンカムイのチンポ先生のように、老いてもビンビンの中年男性は珍種なのだろう。

とはいえ「私も若い彼氏がほしいな〜」と羨む声は少ない。なぜなら、体力に自信がないからだ。

先日、JJ会でカラオケに行ってSPEEDの曲を歌い踊った。私は『BODY & SOUL』と足を上げたら股関節がバキッとなってうずくまった。みんな『G o！Go！Heaven』と歌いながら息も絶え絶えで、天国に旅立ちそうになっていた。そんな体力に自信のないJJは、ぶつかり稽古みたいな激しいセックスはできない。

年下の夫や彼氏がいる友人たちはセクシーな美魔女系ではなく、登山やマラソンが趣味の体育会系だ。マドンナ先輩やジェニファー・ロペス先輩もキレッキレのダンスをキメながら、若い男とセックスをキメている。やはり決め手は体力なのかもしれない。

体力の衰えは日々実感するが、私はJJになって楽になった。若い頃は「この若い時間と肉体がもったいない、有効活用しなければ」みたいなプレッシャーがあって、それが結構キツかった。夏！　海！　花火！　セックス！　みたいな若者ライフをエンジョイしなければダメな気がしていた。

それがJJになると「熱中症になるし、人混みとか無理だし、シミ以上に皮膚がんが怖い」と堂々と引きこもるようになった。「水着でプールパーティーが人気」とか聞いても「わしらには関係ないし」と耳に入らなくなった。まさに「今日耳日曜〜」状態で、自分に必要のない情報をスルーできるのは楽だ。

40にしてようやくリア充の呪いが解けたのかもしれない。

今はエアコンのきいた屋内でＪＪ会するのが何よりも楽しい。女同士で何時間もしゃべり続けると、たまったものが全部出てスッキリする。女はトークで射精ができるから、ノーセックスでも幸せなのかもしれない。そう考えると、女に生まれてよかったな〜と思う。

これからはＪＪ会のことを射精大会と呼ぶことにしよう。

おわりに

本書を読み終わった後「多くの気づきと学びを得ました！」「今後にどう活かせるかワクワクします！」とフェイスブックに書く人はいないだろう。本書を読んでもなんの気づきも学びも得られないが、「こんなに意識が低くても人って生きられるんだな」とホッとしてもらえると嬉しい。

31歳から41歳の10年を振り返ると、圧倒的成長などは一切なく、インスタ映えしない日々を送っている。それでもどうにか物書きを続けられて、新しい本を出せたことに圧倒的感謝である。

まずは対談に登場してくれた、金田淳子さんとぱぷりこちゃんに感謝したい。

先日「街行く人々が肛門を見せてくる」という夢を見て、ハッと目を覚ました。衝撃のあまりネットで夢占いを調べると「雑事に惑わされることなく物事に打ち込める」という吉夢だと書いていた。そうか、仕事に集中できるという天のお告げかも……と思ってから、ふと気づいた。「いや、金田さんと対談したせいだ」

その時の私は金田さんとの対談原稿をチェックしていたのだが、「アナル」「肛門」「尻の穴」といった単語が35回も出てきた。金田さんはアナル親善大使に任命されるんじゃないか。その際は「祝アナル」の垂れ幕がついた菊の花輪を贈りたい。

ぱぷりこちゃんは、私が作家デビューした頃からコラムを読んでくれていたそうだ。できれば逆の立場で、若い頃の私がぱぷりこちゃんのコラムを読みたかった。そうすれば妖怪トラップにハマって百鬼夜行せずにすんだかもしれない。

対談の中で「マインドフルネスフェラをする女友達」の話が出たが、その友人を笑えないぐらい、私も立派な妖怪女だった。「信長の草履を食う女秀吉ばりに滅私奉公していた過去の俺」みたいな話を幻冬舎の会議室でして、その後、飲みに行って合計10時間ぐらいしゃべり続けて、翌日はスッキリ爽快な気分で目が覚めた。やはり女にとってトークは光の射精である。

また、このたび「カレー沢先生にカバーを描いてほしい」という大願が成就した。

私はトイレでウンコしながら好きな本を読むのがプレシャスタイムなのだが、先日『ブスの本懐』を読みながらウンコをして、水を流した直後、便器の中に本を落とした。「ブスがブスの本を便所に落とす」という究極のブス仕草を見せつけて、ブスのレベルが上がった気がする。

カレー沢先生は「本を買って燃やしてまた買え」とおっしゃっているが、本を便所に落としてまた買った人間はそんなに多くないいんじゃないか。ファンとして誇りに思う。


最後に「もろだしシリーズを復活させましょう」と声をかけてくれた、幻冬舎の羽賀千恵さんに感謝したい。「10年前に書いたコラムを読み返すのは、中二の時に書いた夢小説を読み返すぐらい恥ずかしくて死にそう」とグズる私を「死にそうでも耐えてください」と励ましてくれる彼女のお陰で、この本が完成した。「マンコ・まんこは片仮名で統一でOK?」など、細かくチェックを入れてくれてありがたかった。

案の定、あとがきもアナルやウンコやマンコの話になったが（片仮名で統一）、なによりこの本を読んでくださった皆さんに心から感謝したい。ありがとうございました。

この作品は『もろだしガールズトーク』『続 もろだしガールズトーク エロ戦記』、Diverse運営「TOFUFU」連載の「59番目のマリアージュ」、「幻冬舎プラス」連載の「アルテイシアの熟女入門」を再構成し大幅に加筆修正した文庫オリジナルです。

JASRAC 出 1800207-801

幻冬舎文庫

●好評既刊
オクテ女子のための恋愛基礎講座
アルテイシア

彼氏が欲しいし結婚もしたいけど、自分から動けない……。そんなオクテ女子に朗報！「モテないと言わない」「エロい妄想をする」「スピリチュアルに頼らない」など、超実践的な恋愛指南本。

●最新刊
女盛りは心配盛り
内館牧子

いつからこんな幼稚な社会になってしまったのか？　内館節全開で、愛情たっぷりに〝悩ましい大人たち〟を叱る。時に痛快、時に胸に沁みる、《男盛り》《女盛り》を豊かにする人生の指南書。

●最新刊
卵を買いに
小川　糸

素朴だけれど洗練された食卓、代々受け継がれる色鮮やかなミトン、森と湖に囲まれて暮らす謙虚で明るい人々……。ラトビアという小さな国が教えてくれた、生きるために本当に大切なもの。

●最新刊
いびつな夜に
加藤千恵

気になっていた男友だちに結婚を告げられた夜、着るたびにまだ好きだと思い知らされる元彼のTシャツ、日常のふとした瞬間に揺れる恋心を鮮やかに切り取った短歌と恋愛小説集。

●最新刊
まっすぐ前　そして遠くにあるもの
銀色夏生

「今日は何かひとつ、初めてのことをしてみよう」「夢のように見えていた　けれどもどれも夢じゃなかった」「今日の中の　よかったことを覚えておこう」春夏秋冬の日々の、写真と言葉の記録。

アルテイシアの夜《よる》の女子会《じょしかい》

アルテイシア

平成30年2月10日　初版発行

発行人――石原正康
編集人――袖山満一子
発行所――株式会社幻冬舎
〒151-0051東京都渋谷区千駄ヶ谷4-9-7
電話　03(5411)6222(営業)
03(5411)6211(編集)
振替00120-8-767643
印刷・製本―中央精版印刷株式会社
装丁者――高橋雅之

幻冬舎文庫

ISBN978-4-344-42694-8　C0195　あ-57-2

幻冬舎ホームページアドレス　http://www.gentosha.co.jp/
この本に関するご意見・ご感想をメールでお寄せいただく場合は、
comment@gentosha.co.jpまで。